# 三分鐘激勵法
## 課堂注意力把控藝術
3 Minute Motivators

凱西·帕特松（Kathy Paterson）／著　戴華鵬、楊茵／譯

# 目　錄

**第一章　課堂中的三分鐘激勵法** ... 1
　不僅是動機 選擇正確的三 ... 1
　分鐘激勵活動 三分鐘激勵 ... 4
　活動總覽表 使用三分鐘激 ... 13
　勵法的步驟 ... 29

**第二章　課桌活動** ... 30
　平靜下來 ... 30

| | | | |
|---|---|---|---|
| 1. 腹式呼吸法 | 31 | 11. 沉默的尖叫 | 38 |
| 2. 收集雲朵 | 32 | 12. 一無所有！ | 39 |
| 3. 聽見色彩 | 32 | 13. 神秘的鑰匙 | 40 |
| 4. 魔法飛毯 | 33 | 14. 飛起來！ | 41 |
| 5. 想像一下 | 34 | 15. 輕如羽毛的手臂 | 42 |
| 6. 時光機器 | 35 | 16. 貓姿勢 | 42 |
| 7. 巧克力和磚塊 | 36 | 17. 望遠鏡 | 43 |
| 8. 戳泡泡 | 37 | 18. 罐子裡的笑話 | 43 |
| 9. 接地練習 | 37 | 19. 校園趣事 | 44 |
| 10. 擁抱大樹 | 38 | 20. 泡泡之旅 | 44 |

　鉛筆和紙 ... 45

| | | | |
|---|---|---|---|
| 21. 塗畫 揉皺並撕碎 | 46 | 27. 兩釐米的小道 | 49 |
| 22. 禪意園 | 46 | 28. 拼湊字母 | 49 |
| 23. 一分鐘記憶 | 47 | 29. 詞樂透 | 50 |
| 24. 把我關進籠子 | 47 | 30. 想像中的帽子 | 50 |
| 25. 圓圈和方塊 | 48 | 31. 無限延伸的線 | 51 |
| 26. O's 和 X's (翻轉五子棋) | 48 | 32. 聽音作畫 | 52 |

| | | |
|---|---|---|
| 33. 瘋狂的數字 | 53 | |
| 34. 紙上流言 | 54 | |
| 35. 合寫的故事 | 55 | |
| 36. 泰迪熊還是老虎 | 56 | |
| 37. 放大顯示 | 56 | |
| 38. 我的優缺點 | 57 | |
| 39. 混合拼字 | 57 | |
| 40. 盲人畫畫 | 58 | |

| | | |
|---|---|---|
| 41. 雪花玻璃球畫 | 59 | |
| 42. 鏡像 | 60 | |
| 43. 空中書寫 | 60 | |
| 44. 線條大挑戰 | 61 | |
| 45. 塗鴉人 | 61 | |
| 46. 給我畫一張圖 | 62 | |
| 47. 快樂感恩 | 63 | |

## 第三章　嗨起來　　　　　　　　　　　　　　　64

### 活躍起來　　　　　　　　　　　　　　　　　64

| | | |
|---|---|---|
| 48. 打開—閉合—擺手 | 65 | |
| 49. 木偶大師 | 66 | |
| 50. 吹玻璃 | 67 | |
| 51. 生活的節奏 | 68 | |
| 52. 雷雨 | 68 | |
| 53. 吹氣球 | 69 | |
| 54. 不准動！ | 69 | |
| 55. 冷—熱—無 | 70 | |
| 56. 黏住了！ | 71 | |
| 57. 臨時凍結 | 72 | |

| | | |
|---|---|---|
| 58. 平衡動作 | 73 | |
| 59. 當頭一棒 | 74 | |
| 60. 拍膝蓋 | 74 | |
| 61. 暴露—隱藏 | 75 | |
| 62. 正面還是反面 | 76 | |
| 63. 冰塊 | 76 | |
| 64. 快速的腳步 | 77 | |
| 65. 在你的懷裡 | 77 | |
| 66. 圈圈圓圓圈圈 | 78 | |
| 67. 融化 | 78 | |

### 參與其中　　　　　　　　　　　　　　　　　79

| | | |
|---|---|---|
| 68. 搖數字 | 80 | |
| 69. 全部顛倒 | 81 | |
| 70. 氣球大戰 | 81 | |
| 71. 幸運的 High 和 Low | 82 | |
| 72. 有樣學樣 | 83 | |
| 73. 身體與顏色 | 83 | |
| 74. 音樂沙袋 | 84 | |
| 75. 一起搖擺！ | 84 | |

| | | |
|---|---|---|
| 76. 魔法鏡子 | 85 | |
| 77. 在我手中輕敲 | 86 | |
| 78. 盲走 | 87 | |
| 79. 泰迪熊或灰熊 | 88 | |
| 80. 瘋狂變身 | 89 | |
| 81. 這樣做！那樣做！ | 89 | |
| 82. 隨著圓圈轉動 | 90 | |
| 83. 信賴我 | 91 | |

84. 泥塑　　　　　　　92
85. 握住我的手　　　　93
86. 沙包閃電戰　　　　94

87. 黏在地上　　　　　95
88. 繃著臉的人　　　　95

## 聲音與運動　　　　　96

89. 喧鬧的"哪兒也不去"　97
90. 人的一生　　　　　98
91. 移動它　　　　　　99
92. 這樣走　　　　　　100
93. 喧鬧與纏繞　　　　101
94. 爆炸　　　　　　　101
95. 老公爵再次到訪　　102
96. 走或停　　　　　　103
97. 會面與問候　　　　103
98. 如果感到幸福......　104

99. 瘋狂亂轉　　　　　105
100. 柯達一刻　　　　106
101. 你所在的形狀　　107
102. 吹笛手　　　　　108
103. 發射！　　　　　109
104. 單字拼寫鏈　　　110
105. 跟著節拍朗讀　　111
106. 蜂鳥與烏鴉　　　112
107. 同廠製造　　　　112

# 第四章　交流起來　　　113

## 單字與聲音　　　　　113

108. "喋喋不休"　　　114
109. 胡言亂語　　　　115
110. 奧斯卡　　　　　116
111. 互動式單字　　　117
112. 報數　　　　　　117
113. "三呼萬歲"　　　118
114. 一起吟誦　　　　119

115. 農場運動　　　　119
116. 打上標點！　　　120
117. 爆米花　　　　　121
118. 字母表金字塔　　121
119. 為"3"拍掌　　　122
120. 編號的字母　　　122
121. 快速接住　　　　123

## 對話活動　　　　　　124

122. 以歌代話　　　　125
123. 我是你　　　　　126
124. 按字母表說　　　127
125. 慢動作　　　　　128
126. 一籮筐的問題　　128

127. 你做了什麼？　　129
128. ＿＿人們　　　　130
129. 你不能說話　　　131
130. "是的 但是"無法
　　忍受的事　　　　131

| | | |
|---|---|---|
| 131. 快樂的遊戲 | 132 | |
| 132. 幸運的是/不幸的是 | 133 | |
| 133. 我欣賞……因為 | 134 | |
| 134. 但願有…… | 135 | |

| | | |
|---|---|---|
| 135. 用第三人稱交談 | 136 | |
| 136. 高低之間的對話 | 136 | |
| 137. 可憐的我！ | 137 | |
| 138. 我是誰？ | 137 | |

## 腦力激盪

**138**

| | | |
|---|---|---|
| 139. 10句話中的故事 | 139 | |
| 140. 不同角度看問題 | 140 | |
| 141. 真正的意思是…… | 141 | |
| 142. 同義詞 | 142 | |
| 143. 最佳搭配 | 143 | |
| 144. 單字網球 | 144 | |
| 145. 變形記 | 145 | |
| 146. 重組/重構/刷新 | 145 | |
| 147. 神秘的單字 | 146 | |
| 148. 快速問答 | 146 | |

| | | |
|---|---|---|
| 149. 雨傘之下 | 147 | |
| 150. 大詞與小詞 | 147 | |
| 151. 全都是藉口 | 148 | |
| 152. 分解 | 149 | |
| 153. 單字擴展 | 149 | |
| 154. 如果它們可以說話 | 150 | |
| 155. 第一和最後 | 150 | |
| 156. 上面/下面 | 151 | |
| 157. 完形填空 | 151 | |
| 158. 挑戰矛盾修辭法 | 152 | |

## 第五章　超越三分鐘

**153**

| | | |
|---|---|---|
| 159. 障礙賽 | 154 | |
| 160. 讓我們Quiggle | 155 | |
| 161. 給我一條線索 | 156 | |
| 162. 請具體一點 | 157 | |
| 163. 規則統治一切！ | 158 | |
| 164. 讓"背"講話 | 159 | |
| 165. 像這樣講故事 | 160 | |
| 166. 有意義還是沒意義？ | 161 | |
| 167. 這是我的故事 | 162 | |
| 168. 專家 | 163 | |
| 169. 猜動詞 | 164 | |
| 170. 永恆之後 | 165 | |
| 171. ScraPPle"拼詞遊戲" | 166 | |
| 172. 情緒詩 | 167 | |

| | | |
|---|---|---|
| 173. 動作電話 | 168 | |
| 174. 超級英雄 | 169 | |
| 175. 廁所故事 | 169 | |
| 176. 算命先生 | 170 | |
| 177. 聽音畫像 | 171 | |
| 178. 我最喜歡的字母 | 172 | |
| 179. 我認識你！ | 173 | |
| 180. 沒有它我們也能活 | 174 | |
| 181. 不尋常的用法 | 174 | |
| 182. 不公平的測試 | 175 | |
| 183. 兩個真相一個謊言 | 176 | |
| 184. 一閃一閃亮晶晶 | 177 | |
| 185. 一點一點地啃 | 178 | |
| 186. 米球搖滾 | 179 | |

## 第六章　今天與明天　　　　　　　　　　　　　　　180

### 科技氾濫　　　　　　　　　　　　　　　　　　　180

　187. 事實或虛構　　　　　　　181
　188. 那時和現在　　　　　　　182
　189. 好的，壞的，十分
　　　　糟糕的　　　　　　　　183
　190. 科技搜索　　　　　　　　183
　191. 回到過去　　　　　　　　184
　192. 科學術語填字遊戲　　　　184

　193. 不同尋常&獨一無二　　　185
　194. Web 2.0　　　　　　　　185
　195. 科技詞彙賽　　　　　　　186
　196. 與科技相關聯　　　　　　186
　197. 按字母順序談論科技　　　187
　198. 需要一個App　　　　　　187
　199. 它曾經是……　　　　　　188

### 釋放壓力　　　　　　　　　　　　　　　　　　　189

　200. 強顏歡笑　　　　　　　　190
　201. 假裝打哈欠　　　　　　　191
　202. 響亮的沉默　　　　　　　191
　203. 在顏色中跳躍　　　　　　192
　204. 肺部風箱　　　　　　　　192
　205. 努力/成就的聯繫　　　　　193
　206. 敲打法　　　　　　　　　193
　207. 耳朵瑜伽　　　　　　　　194
　208. 手指法　　　　　　　　　194

　209. 集中修復　　　　　　　　195
　210. 扭動腳趾　　　　　　　　195
　211. 嚼兩下　　　　　　　　　196
　212. 倒著數數　　　　　　　　196
　213. 面對它　　　　　　　　　196
　214. 高高站著　　　　　　　　197
　215. 伸向天空　　　　　　　　197
　216. 推牆　　　　　　　　　　198
　217. 舒展胸膛　　　　　　　　198

# 前　言

> "回應·非反應。聆聽·勿講述。思考·勿臆想。"
> ——瑞吉盧珂 Raji Lukkor,《心靈的朝聖》:十日修煉

這句話為《三分鐘激勵法》的修訂版提供了理論基礎。透過使用本書·老師們將能有效地回應·聆聽和思考學生們的日常需求·從而與之增進聯繫·調整節奏·統一步調。

試想一下這樣的情景:在某個交通路口·喧鬧閃爍的路障在列車接近時降下來·迫使司機們停車等候。當路障升起時·司機以最快速和最大程度保障安全的情況下恢復行車。但是·如果路障沒有能夠成功降下來·司機沒有立刻停車·這必將引發災難。路障相當於一個快速的短暫休息·類似地·《三分鐘激勵法》也提供了這樣一個快速的短暫休息時間·創造出這樣的短暫休息時刻·通常在不妨礙課堂整體流程的情況下·讓學生的注意力得以中斷休息。

每天·我們都要設法去激發學生的內在動機·應對焦慮的情緒·設定較高的學習目標·並且還要為學生們提供誠實的回饋。有時候·幾分鐘的即興玩樂·重新調整精力·或者簡單的分心·均可以在實現這些目標的過程中創造奇跡。這一直都是這類快速小活動的目的所在·但我認為這些小活動可以發揮更大的作用。

很顯然·當今的學生每天都在遭受感官刺激的即時轟炸。那麼·學生的溝通方式是否只能局限於用短信交流?教師是否也只能透過技術設備和媒體去聯系他們的學生呢?不·完全沒有必要。我們知道·良好的教學·在青少年社交·情感和智力的發展中永遠是必不可少的。我相信·或許有一種不需要科技手段就可以成就一個偉大的老師的方法·這種方法包括使用三分鐘激勵法作為區別於科技手段的突破口。

《三分鐘激勵法》也可以用作應對挫折和壓力的工具。以我本人作為教師和指導教師的經驗來看，在學校裡，令人失望的課堂學習氣氛屢見不鮮，這可能會導致教師們的失望，這反過來又可能導致更為對立的課堂行為。這不禁讓我思考：能否有一個重新集中注意力的方法可以快速積極地改變這種消極的狀況？

　　所以《三分鐘激勵法》的這個新版本不僅保留了原書中使用過的真實活動，還增加了全新的，高科技的精彩活動，同時也探索了與身心健康相關的活動。我希望這些活動能夠成為教師們的好幫手，讓他們的教學更加容易，也使學生更多地參與課堂，集中精力，激發學習動機並增強自我意識。事實上，我知道這就是目前的實情。接下來的故事是在2013年北亞伯達(加拿大西部的一個省)教師大會上，一位年輕老師告訴我的。我也許不能完全描述出她的親身感受，但我會儘量準確地重複出她的原話：

　　《三分鐘激勵法》拯救了我的人生！那是我第一次教初中，我所做的一切努力都付諸東流。每一堂課都是失敗的。學生們從不集中精力，他們所想做的就是和周圍的人交頭接耳，嬉戲打鬧，或者在課堂上睡覺。七年級學生的情況是最糟糕的。我每天都害怕面對他們，以至於我開始討厭我的工作。在我快要放棄這份工作的時候，一個朋友給了我一本《三分鐘激勵法》。幾天之後，真的，事情發生了徹底的改變。誰了解七年級的學生竟然喜歡"老公爵"？或者誰又知道他們竟然會如此積極參與"動物農場"這個遊戲？這一切確實讓我感到驚訝。但它真的起作用了。課堂活過來了！我們一起歡笑，一起學習。我認真閱讀了這本書的每一頁——它是我值得依賴的好朋友，它拯救了我的事業！

　　在這世界上，沒有任何事物能像笑聲，微笑和幽默一樣具有感染力，並且，正如這位老師所發現的那樣，《三分鐘激勵法》中的大多數活動正是利用了這些方面的特質。此外，積極的思維、運動、靜止、糊塗、玩耍、溝通、認知、鍛煉和心理健康等均(在活動中)得到了運用。

既然我以一句引用的話語開了頭,那就讓我用一句瑞典諺語結束吧:

> 少些恐懼,多些希望;少吃點,多咀嚼;少些牢騷,多做深呼吸;少些閒聊,多講正事;多些關愛,所有的美好都將屬於你。

我希望這版《三分鐘激勵法》能夠引導所有教師和學生們同憧憬、共呼吸、一起去愛、去學習。

# 引 言

　　這是一本關於"魔法"的書！正如每位教師所知道的那樣,最好的教學總是含有一個"魔法"元素——或是在教師的角色中,或是在課堂的呈現中,亦或是在學生的動機中。沒有一點兒"魔法",教學將變得平凡單調,學生們缺乏靈感,課堂蒼白無力,且容易被學生們忘記。請思考如下情況：

　　從前……

　　學生們總是坐立不安。當布萊克老師試圖引導學生們學習解題步驟時,她注意到有幾個學生在輕聲低語,有兩個學生正做著夢,另一個在騷擾前排的同學,當然,他們大多數人臉上顯出讓人熟悉的茫然感——眼神裡透著"沒人在家"的凝視。那一刻,燦爛的春日暖陽透過窗戶,她意識到這樣的場景絕對比她的課堂更能吸引人。於是,她停止授課去觀察學生們能否自覺地重新集中精力;然而他們當中的大多數人甚至沒有注意到她已經停止了授課。

　　教師們很熟悉這種場景。可以肯定地說,大多數教師,儘管不是所有的,都經歷過類似的情況,並且可能是,越來越頻繁地與這些"無動機/注意力不集中綜合症"（UUSS）的學生們做抗爭。

　　為何會出現這樣的情況？是什麼讓我們接近我們的學生變得如此困難,更別說去教他們？是否有一個方法可以喚醒他們,打開他們的心靈,讓他們持續參與課堂學習,並對課堂感興趣？是否有一個與讓這些年輕人每天都受到感官刺激轟炸的高科技世界競爭的秘密方法？

　　是的,我認為有！請思考對比下,如下這個"之後"的景象。

之後……

　　布萊克老師大聲地搖動起手中的小手鼓。所有同學的目光立刻轉向她，同學們也停止了交談。她預先準備好的提示道具已經起了作用。然後她輕聲說："我可以看到我已經失去了你們大多數人的注意力，現在是重新集中注意力的時間！讓我們玩一個小遊戲……""玩耍"和"遊戲"這兩個詞吸引了學生的注意力。他們熟悉集中注意力這個環節，並且喜歡這些簡短的感歎詞。"轉向你們的鄰座，"布萊克老師繼續道，"讓我們搖起來！"(參看第84頁。)學生們立刻沉浸在這個活動中，歡笑、交談，嘗試搖出老師所說的那個數字。過了大概一分鐘，布萊克女士再次搖動起她的小手鼓終止了這個活動。"謝謝大家能按時停下來，"她真誠地說道，"現在既然我們已經'搖'出去一些過剩的精力，是時候回到學習上了……"學生們重新集中了注意力，又回到了學習任務中去。這一次，所有的目光都集中在老師身上。

　　以上場景中的這位老師運用了一點兒小"魔法"，重新集中了學生們的注意力。她為學生們過剩的精力找到了一個發洩口，然後透過一個輕鬆活躍的小活動有效地吸引學生回到她的課堂。讓學生們在同一時間得到放鬆和受到激勵是完全可能的，也是可行的。當精力被引導時，它成為"有品質"的精力，並帶有一種與生俱來的鎮靜成分。作為重新集中注意力的手段，三分鐘激勵法提供的正是剛才那樣的方法。它們是一些簡單的活動，適用於任何年級，任何科目，以及任何多樣化的教室。我甚至將三分鐘激勵法用在參加會議和研討會的大學生和成年人身上，同樣獲得了巨大的成功。

　　《三分鐘激勵法》便是這些小活動的一個合集，這些活動可以在課桌上、課桌旁，或者課桌間的走廊間開展。教師們甚至不需要做太多的準備，僅需利用一些小道具或是偶然用紙和鉛筆即可。設計這些活動的目的在於，讓所有的學生都以有趣的方式參與到大約三分鐘的活動中，然後把注意力轉回到他們手頭的學習任務上。很神奇吧！

但是為什麼說這些活動是必不可少的呢？難道不應該讓學生們自主地去學習嗎？他們不應該在智力上得到增長嗎？難道他們就不懂得作為人類成長的個人需求嗎？我相信每個問題的答案都是肯定的；但當今社會太多重量級的感官轟炸和那些讓人心神恍惚的娛樂消遣，讓課堂學習顯得枯燥單調，缺乏真實感。

　　仔細想想學生們的世界。當他們經常看到沉悶暗淡的課程時，當他們被MP3、智慧手機、平板電腦、電子書以及無數高科技的電子遊戲等所淹沒時，學生們怎麼可能會興奮和被激勵？當他們每天都接受著來自網絡的大量刺激的信息並飽受誘惑時，他們怎麼可能在課堂上集中注意力？當他們一心只想著自己的相機、遊戲、智慧手機、家庭娛樂系統的時候，他們怎麼能夠專心地堅持完成課堂作業？

　　如今要想讓學生保持興趣和專注，需要使用一點兒"魔法"。三分鐘激勵法試圖透過提供豐富的激勵活動來解決這個問題，這些活動可在任何課堂即時使用。此外，大多數小活動可以很容易地作為各類課程的預備活動使用。一旦你嘗試過其中的一些，我相信你會同意，它們確實充滿魔力。用開放的心態使用他們吧，祝你玩得愉快！

第一章　課堂中的三分鐘激勵法

# 第一章　課堂中的三分鐘激勵法

## 不僅是動機

到底什麼是三分鐘激勵法？它是由教師引導的一項短暫的小活動，是一項學生們都想要參與的活動。為什麼這樣說呢？因為諸如"樂趣""玩耍""遊戲"這些詞都是激發動機必不可少的元素。一個三分鐘的小活動能重新激發學生們旺盛的精力，從而讓老師能及時將全班帶回計劃的課堂教學中去。無論是否包含競爭、合作，或是個人的思想或行為，該活動為已失去興趣和注意力的學生們提供了一個適當的休息機會。雖然他們可能涉及大量的體力或腦力活動，但這些活動僅是為了減緩那些無意義的思維過程。

> （我們）可以透過急劇地減緩手頭正在做的事情，來重新集中注意力或者讓它更加集中起來。
> ——莎朗·莎茲伯格《真正的幸福：冥想的力量》

三分鐘激勵法有助於快速轉移學生們手中的任務，消除學生們低效的課堂行為，並將注意力重新集中到課堂上。學生們很快就能領會到，甚至熱切地參與到這些活動中，可以將這類活動稱為"注意力重塑法"。此外，對教師來說至關重要的一點是，三分鐘激勵法還涉及學習領域中的一些元素，包括但不限於：增強記憶、創造力、社會意識、個人壓力管理、數學意識、溝通和健康。此外，此書中的小活動可以用於任何學科課程的前期準備，並且通常可以用於任何時間和地點。教師們都很清楚，一堂課由引人入勝的活動來開場是何等重要，因為這遠比讓學生們只聽老師講授來得有效。更給力之處在於——你現在擁有一整本書的現成的課程預設活動！

為什麼要使用三分鐘激勵法？

(1)給予學生有益的休息活動。

(2)給予教師有益的休息活動。教師同樣需要休息。這種快速且易於操作的小活動，可以在教師們感到"失去陣地"的時候幫助他們。

(3)幫助恢復委頓的注意力。

(4)幫助消除學生多餘的精力。

(5)幫助喚醒昏睡的頭腦。

(6)幫助引導課程；大多數活動都有一個預置引入的功能。

(7)用來獎勵好的課堂行為；畢竟它們很有趣！

(8)保證課程能持續快速而有效地開展。

> 本書中的三分鐘激勵法小活動並非獨一無二的，教師們也許熟悉其中的一些活動，其他的活動也許是人們所熟悉的，但以新的方式來開展。然而，這些小活動都會讓學生們新鮮感倍增。請老師們帶著熱情和幽默感來開展活動，並好好享受它們給課堂帶來的"神奇功效"吧。

正如所有好的教學策略一樣，三分鐘激勵法均以一套前後統一的指導形式呈現。例如，這些活動都可以在短時間內順利地完成。此外：

(1)沒有錯誤答案。

(2)肯定和鼓勵多樣性的回答。

(3)所有回答都值得讚賞。

(4)尊重(無論身體還是情感上的)私人空間。

(5)教師們也應當享受樂趣。

(6)學生有權不參加活動，或者只是作為安靜的旁觀者，而不用參與其中。

教師們將會意識到"三分鐘激勵法"適用於所有教學活動的重要性，但應當像開展其他課堂活動一樣，認真考慮如何運用這些"注意力重塑法"。

## 內隱學習

盡管三分鐘激勵法致力於重新集中注意力，但同時也涉及各種各樣的教學或學習的情況。此外，三分鐘激勵法還涉及內在的學習，當然前提是教師所做的選擇可以被詳細的說明。

舉例來說，在"搖起來"這一激勵活動中，當學生們在心裡做加減法練習以及與同伴合作的時候，這個小活動間接地讓學生了解並強化了"概率"和"運氣"這兩個概念。它可以輕易地被用作和這些主題有關的課程的導課部分。如果需要的話，每一個注意力重塑活動都可以被拆分成適合具體課程的學習內容和重點。

以"互動單字"活動為例。以下方面(還包括更多方面)的注意力重塑活動就很適合三年級的語文課使用。

(1)嘗試重新安排素材。
(2)運用組織能力闡明意義。
(3)使用多種策略進行理解。
(4)拓展視覺詞彙。
(5)運用筆跡提示體系的知識。
(6)運用詞彙分析策略。
(7)將聲音與更多的母音組合聯繫起來。
(8)運用結構分析線索。
(9)用單字來解釋字母之間的關係。
(10)用話語進行試驗。
(11)運用語音知識。
(12)用流暢、富有韻律和節奏的語音語調說話和朗讀。
(13)與他人合作。

---

另一種使用特定激勵因素的方法是將其作為相關課程的快速引入部分。"搖數位"(80頁)這一活動可以有效地用在數學課之前，比如用在加法、減法、分數的課程引入上。"同義詞"(142頁)這項激勵活動可以用作語文課中關於描述寫作或詞彙學習的課程引入。

---

現在從學生內隱學習的角度來思考同樣一個激勵因素。當參與"單字互動"活動的時候，很有可能絕大多數人很自然地就學會了如下要點：

(1)單字可以被拆成幾個部分。
(2)所有字母都有獨特的發音。
(3)字母組合有獨特的發音並且通常有獨特的意義。
(4)大的單字通常包含了比它小的單字。
(5)一個字母一個字母地念誦單字有助於拼寫單字。
(6)與同伴一起念誦單字很有趣且有助於記憶。毫無疑問，同一個激勵活動也同樣適用於其他核心課程。老師們應當知道，他們開展的不僅僅是較強激勵的這些活動同樣適用於教授現有學習課程。這就是隨之而來的內隱學習。

> 思考三分鐘激勵法重要性的另一個方式是將其看作最佳的受教時刻。所有的教師通常都十分熟悉何時是最佳的教學時機。

## 選擇正確的三分鐘激勵活動

使用這本書的關鍵在於能夠在特定的時間和情況下選擇最好的活動。所有的教師都充分意識到了教學目標在教學中的重要性。有必要讓老師甚至學生們知道進行展示、評價及教授的原因。這種情況同樣適於三分鐘激勵法的使用。迅速選擇激勵目的是選取最好的激勵活動的決定因素。激勵法只是用來重新集中學生注意力還是另有目的？例如，或許它可以完成引出課程的任務。當然，單純地重聚學生的注意力，以引入課程或讓教學持續下去是很重要的，這也許已經足夠了。然而，老師們通常都想盡可能多地滿足其課堂活動中的要求。

帶著這種想法，問題便出現了，所有三分鐘激勵法難道不都是用於激勵學生的嗎？是的，但學生們注意力分散可以表現為坐立不安、過度活躍、疲勞不堪或者對課堂毫無興趣(僅部分列舉)。不僅如此，還有其他的影響因素，比如一天中或者一周中的某個時候，學科教學被激勵或被老師打斷（例如，老師們當時的耐心程度、容忍程度、以及受挫折程度）。因此，選擇最恰當的激勵活動顯得有些困難。

> 老師們可以簡單隨意地選擇一項活動。例如，當學生對數學課失去興趣的時候，那麼來一個激勵活動就有必要了。本書推薦"單字網球"這個活動，一分鐘內所有學生將會忙於和同伴來回投擲單字。盡管看似是隨意的選擇卻證明是有效的。

教師們或許會面對表情茫然、目光空洞、面帶倦容的學生，這時他們可以選擇能喚醒學生的激勵活動，為學生提供一股能夠完成作業或課程所需的能量。又或者，老師們想在社會課程討論前讓學生們相互交流；又或者，在一個下著雨的周五下午，學生們開始躁動不安，這種情況下，急需一個包含"坐"和"說"的激勵活動。抑或者，教師們覺察到學生逐漸增多的課堂焦慮、憂慮恐懼(如考試之前)或惡化為反感甚至是憤怒(如來自乏味學校生活的焦慮不安)，這種情況下"釋放壓力"(見189頁)這個短暫的活動不但可以解決當前的困擾，還為學生提供了一個他們可以在日常生活中使用的工具。

第一章　課堂中的三分鐘激勵法

為了簡化找到恰當的激勵活動的過程，這些活動已經被分組，並進一步具體到不同的類型。例如，"在課桌旁"這一組所有的激勵活動都只需最少的身體運動，它被分為兩個類型："平靜下來"這項活動包含靜止和思考（見 30 頁）；"鉛筆和紙"這項活動讓學生用紙和筆來完成任務（見 45 頁）。更多關於面向行動的激勵活動的描述，見 64 頁的"活躍起來"型、79 頁的"參與其中"型 和 96 頁的"聲音和運動"型。"交流起來"這組激勵活動被劃分為三種類型："單字和聲音"（見 113 頁）、"對話活動"（見 124 頁）、"腦力激盪"（見 138 頁）。激勵活動可以超越其三分鐘的限制——極具吸引力的、經過學習包裝的活動，可延伸為日常慣例（參看 153 頁）。

> 瀏覽不同章節中所描述的活動，標記出您覺得最有趣的活動，或者找出那些和學生的年齡、需求相關的活動。帶上本書，以便隨時隨地翻閱。您甚至不用去想需要說什麼話——只需打開預先夾好書籤的頁面，讀出斜體字的內容即可。

最後，在"今天和明天"這個章節也包含了透過 "數位化指尖"和"數位化課桌"來強調數位化技能的激勵活動（180 頁），以及在"釋放壓力"中的培養和提高生活技能的活動（189 頁）。

當您在本書中挑選三分鐘激勵活動的時候，最好使用 13~29 頁中的三分鐘激勵活動的總覽表。快速瀏覽此表會讓你對這些激勵活動的性質以及這些活動對解決哪些特定科目比較適用有個大致瞭解。

### 建議科目

許多活動不僅僅只適用於一個學科，所以總覽表（13~29 頁）中列出了適用於不同科目的激勵活動。但不要刻意將激勵活動限定在所建議的科目中，表中列舉的只是最有可能對應的科目。

例如，如果一個老師想在科學課上使用一個激勵活動，並且不希望學生們失去他們的"科學"思路，那麼標記有"科學"標籤的活動便是合乎邏輯的選擇。然而請記住，任何激勵活動幾乎都適用於任何科目。

> 許多激勵活動和特定的科目沒有密切關系，或者具有跨學科的特點，這些活動被標注為"任意學科"。
>
> 值得注意的是，所有涉及溝通的激勵活動都可以用於語言藝術課程的教學。

### 學生數量

激勵活動被分類為個人的、兩人一組的、小組的或者整個班級的，以便老師按需選擇。例如，如果學生們過於社交健談，屬於單人的激勵活動就比涉及合作夥伴或小組任務的活動效果更佳。

由每個學生單獨進行，任何情況下都沒有同伴參與的三分鐘激勵活動被列為"個人"活動。在一些激勵活動中，單個學生加入其中，成為集體的一員去幫助完成全班的任務，這種類型被標記為"班級中的個人"活動。由兩人搭檔合作的三分鐘激勵活動被列為"雙人"活動。在某些情況下，兩人組的共同合作或與整個班級競爭，或者挑戰其他組，這種活動被標記為"班級中的雙人"活動。請勿忘記，這些標籤分類都只是建議，大多數激勵活動可以轉變為單人或其他類型的活動。

> 當學生們尋找合作夥伴或者是組成小組時，通常是尋找鄰座的或者座位附近的同學一起進行。由於活動時間很短，學生們花費很長時間來組隊組團會削弱活動的效果。然而，教師們或許有其他的分組方式，因為非常規的分組方式亦可能是有利的，這些活動本身的低風險性也適合這樣分組。

### 道具和準備工作

你所選擇的活動中的某環節是否需要分發材料供學生使用，這個活動是否需要提前準備，都需要考慮。道具可以是簡單的一張紙和書寫工具，如果速度是關鍵的話，在特定時間裡，即使是分發材料給學生或者讓他們準備好材料都可能會使激勵活動變得不合時宜。就這個原因，如果需要道具或者其他準備工作，13～29頁的表格中已列舉出來。

一些三分鐘激勵法需要使用音樂道具。這些音樂通常是指緩慢平靜風格的，它們通常被用於瑜伽、放鬆活動或者環境音樂，甚至一些古典音樂也是可行的。關鍵是要保持音樂的柔軟和舒緩，使用它們來調節背景的氣氛，但是要確保使用純音樂。不過請注意，"聽見色彩"這組是個例外，它的所有激勵活動都是沒有音樂的。

其他道具可以是簡單的硬幣或者教學識字卡。給道具做好標籤可以使你的選擇變得簡單。如果感到時間緊迫的話，就避免使用需要利用道具的活動，或者讓你的助手、志願者，或是年齡大一點兒的學生幫忙提前做好道具和準備工作。

> 有一些三分鐘激勵活動涉及插圖的使用。它們作為教師示範用的例子，有利於更清楚的活動講解。如果需要的話，可以透過投影機或互動式白板與學生們分享。

拓展活動

報告和展示章節提供了一些活動。報告意味著這個活動適用於簡短的後續討論。為保持在"三分鐘"的部分定義之內(如果要保持課程的連貫性，這是必要的)，提出了"與鄰座討論60秒"這一概念。如果一個激勵活動要概括延伸報告的要點，這意味著這個活動將持久深入地討論下去，或許還能引導學生進行寫作(比如，日記反思，故事開頭，故事發展的順序，方向)，進行報告表演(比如，製作一張海報，或者視覺化，形象化的木偶展示，話劇小品。)。我已經列出一些關於"延伸報告"的建議，但它們僅僅是建議而已。沒有人比你更瞭解你的課堂，所以你關於"延伸報告"的想法是無窮盡的。

> 在一個三分鐘激勵活動結束時使用"拓展報告"時，"記住剛才你們所做的，所想的，所說的，所見的，等我們結束課程之後再回到這裡"。激勵活動並不是用來代替課程的，而是用來恢復注意力的。當課程結束以後再回到活動做拓展報告，這是一個有教育意義的時刻。

一些三分鐘激勵法包括"民眾意見箱展示"這一環節，這意味著這項活動可以與同齡人進行分享。展示可以簡單到如學生們用30秒的時間在班上展示他們的活動成品，或如複雜一些的，與其他班級和家長分享開放的房子或音樂會的一部分。孩子們通常喜歡炫耀他們覺得很酷或者有趣的東西，因此，為何不鼓勵他們本能的願望——讓他人瞭解他們做了什麼？允許的展示時間應在三分鐘以內——我們在此談論的是一個快速的，時髦的分享。並不是所有的學生每次都能夠展示，所以你要有意識地讓學生輪流做展示以確保機會平等。如果在某個特別的活動中，每個學生都想去做展示，最好的方法是指出在課程結束之時再讓他們來分享，以此來避免失去課程的連貫性。

> 一些三分鐘激勵法運用了一系列理念：詞的組合，情景法，主題法等。我發現一時衝動之下很難引出腦子裡庫存的東西，由此我傾向於提前準備好活動清單。你可以將此清單保存在你的電腦或者桌上的文件卡之中。在這本書中你會發現很多已經準備好的活動清單。

三分鐘激勵法——課堂注意力把控藝術

### 三分鐘激勵法的實施過程

當你已經選定好一個三分鐘的激勵活動以後，先花幾分鐘瀏覽一下內容。注意你的指令用語，你對學生說的指令語是用斜體表示出來的。這樣標識指令語是為了加快陳述進度，你所需要做的僅是向全班發出簡短的指令，保證簡單快速地使用激勵法。當然，沒有必要逐字逐句地讀出書中所提供的指令語，它們僅供參考，也許透過快速閱讀整個激勵活動就足夠你即時使用。

所有老師都是靠講話營生，因此，帶著激勵學生的想法，熱情地表達活動指令，活動指南以及向學生發出活動邀請。請在說話時眼含光芒，面帶微笑，透過語音語調，能力素養和音量調節成為一個說話具有吸引力的人。使用直接表達的語言(例如："我們將參加一個有趣的活動......")因為間接或委婉的用語(例如："你想參加......")會收到消極的回應。最後，與學生保持眼神的交流，以及學會利用力量強大的意味深長的暫停[例如："我們將參加一個有趣的活動......(暫停大約5秒)......叫作'搖動數字'"]。

> 當向你的班級介紹三分鐘激勵法的時候，無論是第一次還是第五十次，強化以下要點總是有益的：
> 1.(活動中)沒有錯誤答案。
> 2. 提倡與鼓勵多樣性的回答。
> 3. 所有回答都值得讚賞。
> 4. 尊重私人空間，無論是身體上的還是情感上的。當你使用過幾組激勵活動之後你會發現，每一個三分鐘激勵法的指令用語你都記住了。

文中非斜體的活動步驟(已透過項目列表呈現出來)提供了額外的操作指示。例如，它可能建議你"提示開始"或"當學生們還有30秒剩餘時間時提醒他們"。與斜體字不同的是，這些用語不用明確地讀給學生們聽。

請使用30頁完整的列表上的步驟作為使用三分鐘激勵法的參考資料。它包括整個活動過程——從"注意提示"到"歸納總結"，再到重新集中精力回到課程上。

### 注意提示

**優先考慮的事項!**

正如每個老師所知道的那樣，如果學生不在參與課堂的狀態，那麼老師就不是在教學。三分鐘激勵法的使用也是這樣。當老師介紹活動的時候，學生必須集中

## 第一章　課堂中的三分鐘激勵法

注意力。但是，正是因為學生們的注意力渙散了所以才急需使用三分鐘激勵法，因此，我們必須透過做一些吸引人的，不同平常的，或是出乎意料的事情讓他們自願地乖乖坐好並引起他們的注意。我們開始發出提示，可以使用聲音提示(比如，來一聲口哨)，視覺提示(比如，站到椅子上去)，或者氣味提示(噴空氣清新劑)——但提示必須是動態的。總之，一個原則：在使用三分鐘激勵法之前建立起注意提示——可能你已經有了恰當的提示方法。在重塑注意力活動開始之前，使用一個你曾經使用過的有效的注意提示。

所有的老師都有自己的提示方法，但這裡有幾個我試用過的簡單好用的提示法：

1. 一陣簡短的口哨，一陣兒童塑膠喇叭的聲音(可根據個人喜好在十元店裡尋找)，或者搖一搖手鼓。

2. 一陣樂隊演奏樂器的節奏。

3. 大聲播放特定樂曲。

4. 一陣由你主導的打擊聲(如果你是拍打兩個響亮的物體最好，比如，棍棒或鍋蓋相互敲擊)。

5. 舉起你的手安靜等待，直到所有學生都舉起他們的手。

6. 小聲地傳遞一些內容給離你最近的學生，又讓他小聲傳遞給另一個同學，以此傳遞下去。(你需要傳遞一些重要的事情，比如，一個問題的答案，一個笑話或一則謎語。)

7. 製造除夕之夜的雜訊。

8. 用榔頭(或類似的木槌的東西)敲擊你的桌面，(這是我個人最喜歡的方式，因為它模擬一個法庭，讓老師成為法官。我的巨大的吱吱作響的榔頭適用於任何年級的學生，甚至成人學生！)

無論任何情況下，特定的反應需要特定的提示，使用提示信號的時候必須先進行介紹，然後再進行培養和加強。這些步驟對於成功使用提示信號至關重要，這也是成功使用三分鐘激勵法的關鍵所在。

1. 介紹這個提示信號並簡述其目的。當你們聽到這個聲音，請立刻停下你們正在做的事情，並且看著我。 2. 練習 現在每個人和你們的鄰座進行交談，當聽到雜訊時準備好"不准動"。 3. 強化

A.棒極了！你們都停止了講話並看著我，這正是我想讓你們做的。這可幫了我大忙，因為……

B. 我很高興你們都記得按照提示停了下來並看著我。現在我知道你們準備好了……

C. 感謝你們聽到提示時就停下來。簡直太棒了!我知道你們想……

開頭幾天使用時,經常重複步驟 2 和步驟 3,不斷地加強。最後,遵守注意提示應逐漸成為一個課堂習慣,並且可以間歇性強化。

> 一個令人激動的吸引注意的提示辦法是,快速吹好一個氣球然後放掉它,當它在教室周圍發出喧鬧的尖嘯聲時,所有目光都集中在那兒,這時老師就有了發揮的空間。但是這只能用一次或者兩次。

### 歸納總結與重塑注意力的重要性

或許成功地使用三分鐘激勵法最重要的方面是它結束的方式。平穩的過渡是教師將課堂從活動中帶回到之前被中斷的任務或課程的一個必要步驟。儘管只需要幾分鐘就可以完成這個重要轉折,但如果缺少這個環節,學生們或許會繼續想他們剛才做了什麼,為什麼要做這個,以及事情的結果應該是怎樣的。

一旦激勵活動達到了你所滿意的效果。

1. 提示學生們引起注意。
2. 快速表達出為什麼開展這個激勵活動。

我感覺得到你們中沒有一個在認真聽關於____的知識,所以我們(總結活動)。

3. 簡潔地陳述回到課程中的期望。

現在,既然你們已經使用了燃燒多餘能量的機會(和鄰桌的聊天,到處移動等等),我需要你們集中全部注意力回到課程學習中。

4. 為恢復課程學習提供積極的強化行為。
5. 繼續課程講授或者提醒學生在激勵活動之前他們應該做什麼。

我們正在學習關於____,並且我將解釋如何……

這整個"發言"不應該超過三十秒,學生們將會快速瞭解,儘管他們正沉浸在激勵活動的樂趣中,但他們應該立刻回到接下來的學習任務中。

> 三分鐘激勵法的總結按照"What—Why—What"模式進行:做了什麼,為什麼做,以及接下來如何做。

# 第一章 課堂中的三分鐘激勵法

## 課堂參與

如果一些學生不願意合作參與到活動中，儘管活動以遊戲的方式呈現，就讓他們安靜地坐在一旁進行簡單的觀察。根據我的經歷，在一兩次觀察之後，大多數學生都想參與到活動中，特別是那些允許他們自由想像的活動。另一方面，許多激勵活動觀察起來也挺有樂趣，比較內向的孩子可以從這個角度來享受它們，他們仍然能從激勵法重塑注意力這一性質中獲益良多。

你面臨的主要困難或許是那些想要在相對安靜的活動中打斷課堂的學生。即使有一個學生吵鬧，"平靜下來"這組激勵活動的本質就會受到危害。你必須以任何你認為有效的方式來應付這樣的場景。記住，平靜屬性的激勵活動的成功使用有賴於能保持三分鐘以上的安靜空間。如果有學生做不到安靜三分鐘，或者不願意滿足這個標準，最好將他排除出這個短暫的活動。

## 使用三分鐘激勵法教學的小技巧

1. 讓活動有趣，而不是懲罰！開始之前最好說："現在是集中注意力時間，讓我們來做個小遊戲......"而不是說："你們都在講話，沒有人在認真聽講，所以我們必須做點兒什麼來改變......""遊戲"這個詞對孩子們是很有吸引力的。

2. 總是以你預先建立的注意提示開始和以返回到中斷的或隨後的課程結束。

3. 總是告訴學生們你為何讓他們加入三分鐘的激勵活動中。

4. 盡可能堅持三分鐘的時間框架(除非你有改變這一過程的理由)。如果你要在活動結束後做一個報告，請控制在一分鐘以內。或者說"記住你們剛才所做、所想、所看、所聽......在完成我們的......之後再來談論這些......"(無論你打斷了什麼)。

5. 用"Refocuser"這一個術語來指示三分鐘激勵法，這帶有行話性質的術語能夠吸引學生，開始期待有機會能"Refocus"(重新調整)。

6. 記住要有讓人驚喜的元素。保持激勵活動的新鮮度，避免反覆使用同一個活動，經常從不同的章節選取活動，將它們混合起來使用。

7. 留意那些讓老師說的斜體字的指令語，這意味著在老師有需要時可以即刻使用激勵法。

8. 這是一個好主意——在每個章節都熟悉一些活動，但不必覺得你需要記住所有的教師指令語。

9. 不要強迫自己向全班使用書上寫著的這些指令語，它們僅僅是建議而已。

你完全可以加入自己的風格,把這個激勵活動變成你自己的。

10. 確保你提供的指令語(根據注意提示來)是具體的和精確的。要記住,你想要減少混亂,而不是創造它。

11. 最好是主動地而非被動地使用三分鐘激勵法,最好在當學生的學習行為開始衰退時停止課程並插入一個激勵活動,而不要等到課堂升級為老師們不時面對的喧鬧不堪的時候。

12. 要意識到報告,延伸報告和成果展示都只是建議而已,你可以選擇使用或者忽視它們。

13. 要意識到儘管有些活動需要道具,但通常情況下沒有道具也是可行的。

14. 不要擔心激勵活動失敗,承認失敗並回到課程中去(失敗的活動也會以它的方式進行注意力的調整)。

15. 把你已經使用過的有效的或者無效的激勵活動做一個記錄(或許可以使用13~29頁的三分鐘激勵法總覽表)這便於你了解哪些活動你會再次使用,哪些將會被遺忘。因為這本書包含了太多的激勵活動,這種簡單的記錄有利於簡化將來的活動。

## 競爭和獎勵

三分鐘激勵法可以競爭性地或非競爭性地使用。一些激勵活動本身具有競爭性的挑戰:可以透過小獎品來提升這種競爭性。重要的不是獎品的大小或品質,而是設置獎勵這個想法本身帶有激勵因素。三分鐘激勵法中許多獎品設置的神奇之處在於它們通常被那些在其他課堂競逐活動中不太出眾的學生贏得了。

這裡有一些容易獲得和儲存的關於快速獎勵的建議:

1. 一小盒單獨包裝的糖果,例如,萬聖節糖果。
2. 一盒葡萄乾。
3. 幸運甜餅。
4. 聚會禮品,例如,從一元店或禮品商店購買的小東西。
5. 把貼紙貼在學生手上作為獎勵。
6. 在學生手上蓋印章作為獎勵。
7. 星星(各種大小),越大越好。

---

記住適度的競爭是有激勵作用的,並且可以成為一個有用的工具,但是教師在使用時要謹慎。

第一章　課堂中的三分鐘激勵法

## 三分鐘激勵活動總覽表

建議科目:任何科目(與特定學科無太大相關性)

| 激勵活動 | 道具準備 | 準備工作 |
|---|---|---|
| 5. 想像一下 | | |
| 7. 巧克力和磚塊 | | |
| 8. 戳泡泡 | √ | √ |
| 9. 接地練習 | | |
| 12. 一無所有! | | |
| 24. 把我關進籠子 | √ | |
| 26. O's 和 X's (翻轉五子棋) | √ | |
| 29. 詞樂透 | √ | |
| 30. 想像中的帽子 | √ | |
| 39. 混合拼字 | √ | |
| 41. 雪花玻璃球畫 | √ | |
| 48. 打開-閉合-擺手 | | |
| 55. 冷-熱-無 | √ | √ |
| 57. 臨時凍結 | √ | |
| 59. 當頭一棒 | | |
| 61. 暴露-隱藏 | | |
| 69. 全部顛倒 | √ | |
| 72. 有樣學樣 | | |
| 73. 身體與顏色 | | |
| 74. 音樂沙袋 | | |
| 75. 一起搖擺! | | |
| 81. 這樣做!那樣做! | | |
| 91. 移動它 | | |
| 92. 這樣走 | | |

續表

| 激勵活動 | 道具準備 | 準備工作 |
|---|---|---|
| 93.喧鬧與纏繞 | | |
| 94.爆炸 | √ | √ |
| 95. 老公爵再次到訪 | | |
| 97.會面與問候 | | |
| 100.柯達一刻 | | |
| 104.單字拼寫鏈 | | |
| 108."喋喋不休" | | |
| 109.胡言亂語 | | |
| 111.互動式單字 | | |
| 117.爆米花 | | |
| 118.字母表金字塔 | | |
| 121.快速接住 | | |
| 124.按字母表說 | | |
| 125.慢動作 | | |
| 126.一籮筐的問題 | | |
| 128.＿＿＿人們 | √ | |
| 129.你不能說話 | | |
| 132.幸運的是/不幸的是 | | |
| 134.但願有…… | | |
| 136.高低之間的對話 | | |
| 138.我是誰？ | √ | |
| 142.同義詞 | √ | |
| 143.最佳搭配 | √ | |
| 144.單字網球 | | |
| 147.神秘的單字 | √ | |

第一章　課堂中的三分鐘激勵法

續表

| 激勵活動 | 道具準備 | 準備工作 |
|---|---|---|
| 148.快速問答 | √ | |
| 149.雨傘之下 | √ | |
| 151.全都是藉口 | √ | |
| 153.單字擴展 | √ | |
| 154. 如果它們可以說話 | √ | |
| 156.上面/下面 | | |
| 157.完形填空 | √ | |
| 159.障礙賽 | | |
| 166. 有意義還是沒意義？ | √ | |
| 172.情緒詩 | √ | |
| 182.不公平的測試 | √ | |
| 184. 一閃一閃亮晶晶 | √ | |
| 185.一點一點地啃 | √ | |
| 186.米球搖滾 | √ | √ |
| 187.事實或虛構 | | √ |
| 188.那時和現在 | | √ |
| 189. 好的·壞的·十分糟糕的 | | |
| 190.科技搜索 | √ | |
| 191.回到過去 | √ | |
| 192. 科學術語填字遊戲 | | √ |
| 193.不同尋常&獨一無二 | | √ |

建議科目：藝術

| 激勵活動 | 道具準備 | 準備工作 |
|---|---|---|
| 3.聽見色彩 | √ | |
| 4.魔法飛毯 | | |
| 20.泡泡之旅 | √ | √ |
| 21.塗畫、揉皺並撕碎 | √ | |
| 22.禪意園 | √ | |
| 27.兩釐米的小道 | √ | |
| 31.無限延伸的線 | √ | |
| 32.聽音作畫 | √ | |
| 45.塗鴉人 | √ | |
| 46.給我畫一張圖 | √ | |
| 78.盲走 | √ | |
| 79.泰迪熊或灰熊 | | |
| 80.瘋狂變身 | | |
| 84.泥塑 | | |
| 100.柯達一刻 | | |
| 174.超級英雄 | √ | |
| 177.聽音畫像 | √ | |

建議科目：衛生與健康

| 激勵活動 | 道具準備 | 準備工作 |
|---|---|---|
| 1.腹式呼吸法 | | |
| 3.聽見色彩 | √ | |
| 7.巧克力和磚塊 | | |

第一章 課堂中的三分鐘激勵法

續表

| 激勵活動 | 道具準備 | 準備工作 |
|---|---|---|
| 10.擁抱大樹 | | |
| 11.沉默的尖叫 | | |
| 15. 輕如羽毛的手臂 | | |
| 19.校園趣事 | √ | |
| 20.泡泡之旅 | √ | √ |
| 21. 塗畫.揉皺並撕碎 | √ | |
| 22.禪意園 | √ | |
| 23.一分鐘記憶 | √ | |
| 36. 泰迪熊還是老虎 | √ | |
| 38.我的優缺點 | √ | |
| 40.盲人畫畫 | √ | |
| 47.快樂感恩 | √ | |
| 51.生活的節奏 | | |
| 53.吹氣球 | √ | |
| 64.快速的腳步 | | |
| 65.在你的懷裡 | | |
| 82.隨著圓圈轉動 | √ | |
| 83.信賴我 | | |
| 88.繃著臉的人 | | |
| 89.喧鬧的"哪兒也不去" | | |
| 90.人的一生 | | |
| 96.走或停 | | |
| 97.會面與問候 | | |
| 98.如果感到幸福…… | | |
| 114.一起吟誦 | √ | |

續表

| 激勵活動 | 道具準備 | 準備工作 |
|---|---|---|
| 123.我是你 | | |
| 130."是的,但是"無法忍受的事 | | |
| 131.快樂的遊戲 | | |
| 133.我欣賞……因為 | √ | |
| 137.可憐的我！ | | |
| 146.重組/重構/刷新 | | √ |
| 161.給我一條線索 | | √ |

建議科目:語言藝術

| 激勵活動 | 道具準備 | 準備工作 |
|---|---|---|
| 4.魔法飛毯 | | |
| 13.神秘的鑰匙 | | |
| 15. 輕如羽毛的手臂 | | |
| 18.罐子裡的笑話 | √ | √ |
| 19.校園趣事 | √ | |
| 23.一分鐘記憶 | √ | |
| 28.拼湊字母 | √ | |
| 32.聽音作畫 | √ | |
| 34.紙上流言 | √ | |
| 35.合寫的故事 | √ | |
| 36. 泰迪熊還是老虎 | √ | |
| 38.我的優缺點 | √ | |
| 39.混合拼字 | √ | |
| 40.盲人畫畫 | √ | |
| 42.鏡像 | √ | |

第一章 課堂中的三分鐘激勵法

續表

| 激勵活動 | 道具準備 | 準備工作 |
|---|---|---|
| 43.空中書寫 | √ | |
| 44.線條大挑戰 | √ | |
| 45.塗鴉人 | √ | |
| 46.給我畫一張圖 | √ | |
| 47.快樂感恩 | √ | |
| 49.木偶大師 | | |
| 53.吹氣球 | √ | |
| 60.拍膝蓋 | | |
| 63.冰塊 | | |
| 65.在你的懷裡 | | |
| 77.在我手中輕敲 | √ | |
| 88.繃著臉的人 | | |
| 90.人的一生 | | |
| 91.移動它 | | |
| 96.走或停 | | |
| 97.會面與問候 | | |
| 99.瘋狂亂轉 | | |
| 100.柯達一刻 | | |
| 101.你所在的形狀 | | |
| 102.吹笛手 | | |
| 103.發射！ | | |
| 104.單字拼寫鏈 | | |
| 105.跟著節拍朗讀 | √ | √ |
| 106.蜂鳥與烏鴉 | | |
| 107.同廠製造 | | |

續表

| 激勵活動 | 道具準備 | 準備工作 |
|---|---|---|
| 109.胡言亂語 | | |
| 110.奧斯卡 | √ | √ |
| 111.互動式單字 | | |
| 113."三呼萬歲" | | |
| 114.一起吟誦 | √ | √ |
| 116.打上標點！ | √ | √ |
| 118.字母表金字塔 | | |
| 120.編號的字母 | | |
| 122.以歌代話 | | |
| 124.按字母表說 | | |
| 127.你做了什麼？ | | |
| 130."是的，但是"無法忍受的事 | | |
| 135.用第三人稱交談 | | |
| 137.可憐的我！ | | |
| 139.10句話中的故事 | | |
| 140.不同角度看問題 | √ | √ |
| 141.真正的意思是…… | | |
| 142.同義詞 | √ | |
| 144.單字網球 | | |
| 145.變形記 | √ | |
| 146.重組/重構/刷新 | √ | |
| 150.大詞與小詞 | √ | |
| 152.分解 | √ | |
| 153.單字擴展 | √ | |
| 155.第一和最後 | | |

第一章 課堂中的三分鐘激勵法

續表

| 激勵活動 | 道具準備 | 準備工作 |
|---|---|---|
| 157. 完形填空 | √ | √ |
| 158. 挑戰矛盾修辭法 | √ | |
| 160. 讓我們 Quiggle | | |
| 161. 給我一條線索 | | √ |
| 162. 請具體一點 | √ | √ |
| 163. 規則統治一切! | | |
| 165. 像這樣講故事 | | √ |
| 166. 有意義還是沒意義? | √ | √ |
| 167. 這是我的故事 | | |
| 168. 專家 | √ | √ |
| 169. 猜動詞 | | |
| 170. 永恆之後 | | |
| 171. ScraPPle 拼詞遊戲 | √ | √ |
| 172. 情緒詩 | √ | |
| 173. 動作電話 | √ | √ |
| 174. 超級英雄 | √ | |
| 175. 廁所故事 | √ | |
| 176. 算命先生 | √ | |
| 177. 聽音畫像 | √ | √ |
| 178. 我最喜歡的字母 | √ | |
| 179. 我認識你! | √ | |
| 180. 沒有它我們也能活 | | |
| 181. 不尋常的用法 | √ | |
| 183. 兩個真相一個謊言 | | |

建議科目：生活技能

| 激勵活動 | 道具準備 | 準備工作 |
|---|---|---|
| 200. 強顏歡笑 | | |
| 201. 假裝打哈欠 | | |
| 202. 響亮的沉默 | | |
| 203. 在顏色中跳躍 | | |
| 204. 肺部風箱 | | |
| 205. 努力/成就的聯繫 | | |
| 206. 敲打法 | | |
| 207. 耳朵瑜伽 | | |
| 208. 手指法 | | |
| 209. 集中修復 | | |
| 210. 扭動腳趾 | | |
| 211. 嚼兩下 | √ | |
| 212. 倒著數數 | | |
| 213. 面對它 | | |
| 214. 高高站著 | | |
| 215. 伸向天空 | | |
| 216. 推牆 | | |
| 217. 舒展胸膛 | | |

建議科目：數學

| 激勵活動 | 道具準備 | 準備工作 |
|---|---|---|
| 15. 輕如羽毛的手臂 | | |
| 25. 圓圈和方塊 | √ | |
| 31. 無限延伸的線 | √ | |
| 33. 瘋狂的數字 | √ | |

第一章 課堂中的三分鐘激勵法

續表

| 激勵活動 | 道具準備 | 準備工作 |
|---|---|---|
| 34. 紙上流言 | √ | |
| 42. 鏡像 | √ | |
| 43. 空中書寫 | √ | |
| 58. 平衡動作 | | |
| 62. 正面還是反面 | √ | |
| 66. 圈圈圓圓圈圈 | | |
| 68. 搖數字 | | |
| 71. 幸運的 Hi 和 Low | √ | |
| 72. 有樣學樣 | | |
| 85. 握住我的手 | √ | √ |
| 86. 沙包閃電戰 | √ | |
| 101. 你所在的形狀 | | |
| 103. 發射！ | | |
| 112. 報數 | | |
| 118. 字母表金字塔 | | |
| 119. 為"3"拍掌 | | |
| 120. 編號的字母 | | |
| 160. 讓我們 Quiggle | | |
| 161. 給我一條線索 | | √ |
| 162. 請具體一點 | √ | √ |
| 163. 規則統治一切！ | | |
| 164. 讓"背"講話 | √ | √ |
| 178. 我最喜歡的字母 | √ | |

23

建議科目：音樂

| 激勵活動 | 道具準備 | 準備工作 |
|---|---|---|
| 60.拍膝蓋 | | |
| 98.如果感到幸福…… | | |
| 122.以歌代話 | | |

建議科目：體育

| 激勵活動 | 道具準備 | 準備工作 |
|---|---|---|
| 51.生活的節奏 | | |
| 58.平衡動作 | | |
| 64.快速的腳步 | | |
| 66.圈圈圓圓圈圈 | | |
| 78.盲走 | √ | |
| 79.泰迪熊或灰熊 | | |
| 80.瘋狂變身 | | |
| 83.信賴我 | | |
| 86.沙包閃電戰 | √ | |
| 87.黏在地上 | | |
| 89. 喧鬧的"哪兒也不去" | | |
| 91.移動它 | | |
| 92. 這樣走 | | |
| 93.喧鬧與纏繞 | | |
| 98.如果感到幸福…… | | |

建議科目：研究

| 激勵活動 | 道具準備 | 準備工作 |
|---|---|---|
| 187.事實或虛構 | | √ |
| 188.那時和現在 | | √ |

續表

| 激勵活動 | 道具準備 | 準備工作 |
|---|---|---|
| 189. 好的、壞的、十分糟糕的 | | |
| 190. 科技搜索 | √ | |
| 191. 回到過去 | | √ |
| 192. 科學術語填字遊戲 | √ | |
| 193. 不同尋常&獨一無二 | | √ |
| 194. Web 2.0 | | |

建議科目：科學

| 激勵活動 | 道具準備 | 準備工作 |
|---|---|---|
| 2. 收集雲朵 | √ | |
| 6. 時光機器 | | |
| 10. 擁抱大樹 | | |
| 14. 飛起來！ | | |
| 15. 輕如羽毛的手臂 | | |
| 16. 貓姿勢 | | |
| 17. 望遠鏡 | | |
| 19. 校園趣事 | √ | |
| 20. 泡泡之旅 | √ | √ |
| 21. 塗畫、揉皺並撕碎 | √ | |
| 25. O′s 和 X′s (翻轉五子棋) | √ | |
| 27. 湊字母 | √ | |
| 31. 無限延伸的線 | √ | |
| 32. 聽音作畫 | √ | |
| 37. 放大顯示 | √ | |
| 42. 鏡像 | √ | |

續表

| 激勵活動 | 道具準備 | 準備工作 |
|---|---|---|
| 43.空中書寫 | √ | |
| 44.線條大挑戰 | √ | |
| 50.吹玻璃 | | |
| 52.雷雨 | | |
| 56.黏住了！ | | |
| 58.平衡動作 | | |
| 63.冰塊 | | |
| 64.快速的腳步 | | |
| 65.在你的懷裡 | | |
| 66.圈圈圓圓圈圈 | | |
| 67.融化 | | |
| 70.氣球大戰 | √ | |
| 76.魔法鏡子 | √ | |
| 78.盲走 | √ | |
| 79.泰迪熊或灰熊 | | |
| 80.瘋狂變身 | | |
| 85.握住我的手 | √ | √ |
| 86.沙包閃電戰 | √ | |
| 87.黏在地上 | | |
| 91.移動它 | | |
| 101.你所在的形狀 | | |
| 102.吹笛手 | | |
| 103.發射！ | | |
| 106.蜂鳥與烏鴉 | | |
| 107.同廠製造 | | |

續表

| 激勵活動 | 道具準備 | 準備工作 |
|---|---|---|
| 115.動物農場 | | |
| 117.爆米花 | | |
| 145.變形記 | √ | |
| 160.讓我們Quiggle | | |
| 161.給我一條線索 | | √ |
| 162.請具體一點 | √ | √ |
| 163.規則統治一切！ | | |
| 168.專家 | √ | √ |
| 169.猜動詞 | | |
| 170.永恆之後 | | |
| 174.超級英雄 | √ | |
| 176.算命先生 | √ | |
| 181.不尋常的用法 | √ | |

建議科目：社會學

| 激勵活動 | 道具準備 | 準備工作 |
|---|---|---|
| 11.沉默的尖叫 | | |
| 40.盲人畫畫 | √ | |
| 44.線條大挑戰 | √ | |
| 47.快樂感恩 | √ | |
| 49.木偶大師 | | |
| 50.吹玻璃 | | |
| 69.全部顛倒 | √ | √ |
| 85.握住我的手 | √ | √ |
| 96.走或停 | | |

續表

| 激勵活動 | 道具準備 | 準備工作 |
|---|---|---|
| 97.會面與問候 | | |
| 99.瘋狂亂轉 | | |
| 101.你所在的形狀 | | |
| 102.吹笛手 | | |
| 103.發射！ | | |
| 106.蜂鳥與烏鴉 | | |
| 107.同廠製造 | | |
| 122.以歌代話 | | |
| 123.我是你 | | |
| 133.我欣賞……因為 | √ | |
| 140. 不同角度看問題 | √ | √ |
| 163. 規則統治一切！ | | |
| 164.讓"背"講話 | √ | √ |
| 165.像這樣講故事 | | √ |
| 167.這是我的故事 | | |
| 168.專家 | √ | √ |
| 169.猜動詞 | | |
| 170.永恆之後 | | |
| 173.動作電話 | √ | √ |
| 181.不尋常的用法 | √ | |
| 183. 兩個真相一個謊言 | | |

建議科目：技術

| 激勵活動 | 道具準備 | 準備工作 |
|---|---|---|
| 195.科技詞彙賽 | | |
| 196.與科技相關聯 | | |
| 197. 按字母順序談論科技 | | |
| 198.需要一個App | √ | |
| 199. 它曾經是…… | √ | |

## 使用三分鐘激勵法的步驟

1. 提示學生引起注意。這是優先考慮的事項！
2. 簡要給學生解釋為何要使用激勵法。
我已經失去了你們……你們看起來躁
動不安……我能感受到你們需要休息
一下……你們似乎需要一些談話時
間……我感到這兒無我的容身之處……
3. 用每個三分鐘激勵法中的用法指南來解釋這個活動。
4. 提醒學生沒有聽到提示不要開始，再按照提示停止或凍結自己。
5. 提示學生開始。
6. 朗讀本書中提供的臺詞文本，開展三分鐘激勵活動。
7. 提示學生停止。
8. 透過快速概述做了什麼以及為何要做來進行總結和調整。
你們剛才有點兒躁動不安，所以我們玩了＿＿＿＿。現在既然你們已經消耗了
一些能量，是時候回到……
你們看起來困倦不堪並且大多數人都沒有集中精神，所以我們玩一個＿＿＿＿。
既然你們現在清醒了，讓我們回到……
我感到我們需要一個短暫的休息，所以我們玩了＿＿＿＿。現在讓我們回到……

# 第二章　課桌活動

這一章中的所有激勵活動都是在學生的座位上或課桌旁進行的，因此學生不需要大幅度地運動或位移，教師也不需要去管控學生的走動。這些激勵活動旨在將學生從注意力不集中或缺乏興趣的游離狀態中拉回來，減少學生的分心的行為，同時也緩解一下壓力。

## 平靜下來

這一節中的激勵活動需要的體力最少，整個過程學生只需要安靜地坐在課桌旁。跟隨老師的引導，學生們用有趣的、不同尋常的方式發揮他們的想像力。這些活動涉及一定程度的冥想、安靜的反思和沉思，放慢節奏調整呼吸，你很快就會見到顯著的效果。對老師來說，不易之處在於如何使各個年齡階段的學生都能掌握，學會並且欣賞這種深思活動。

激勵活動在學生十分活躍的情況下最有效果；目的是使學生們安靜下來，做好準備投入到需要集中注意力的活動。例如，學生們可能在課堂上分心，隨意交談，離開座位，注意力不集中，或者對正在學習的課程或學習任務極其不感興趣。混亂不堪、過度活躍，或者學生們過剩的精力相互影響，使得有效的教學和後續的學習無法開展，這些都是教室裡的常態。

1. 利用放鬆這一目的，用安靜的、舒緩的、並往往是單一的聲音告訴學生指令語或呈現活動場景。這不是需要熱情高漲的時刻，而是穩固地、平靜地、沉著地幹預調節活動。

2. 這些使人平靜下來的激勵活動(腹式呼吸、擁抱大樹、地面練習、禪意花園等)用在重要的或高強度的課堂活動之前會很有效果，比如考試之前。可以幫助學生減輕焦慮，並鼓勵他們全力以赴。

3. 這一節的激勵活動大多采取"引導想像"的形式，老師們平靜地引導學生進行思考，並使其達到內在視覺體驗。如果有學生拒絕這種類型的想像，在這個過程中至少保證他們能安靜地閉著眼睛坐在那裡 這對他們來說本身已經是一個積極的體驗。

4. 這些激勵活動最適合以單人為基礎來開展 這樣的效果也會最好。然而 你也可以附加一些後續活動 如鼓勵學生們小聲地討論然後進行報告 或者將想法或感受錄入個人日誌中。

5. 問答環節或者進行深入後續寫作(如論文)的機會是很多的 儘管有些激勵活動不包括報告和展示這兩部分 這些文字性的活動不會減弱放鬆性活動的效果。

6. 一些激勵活動需要提前做好準備工作(罐子裡的笑話 校園趣事) 例如 收集笑話 校園趣事 花邊新聞 將它們寫在卡片或紙條上 並將它們放在準備好的容器中。請參看關於這些活動的準備工作的注釋。

> 教給孩子們耐心 是我們為他們以後能有尊嚴地生活準備的禮物。耐心需要人們放慢節奏 放寬心胸 以及感受自我。
>
> ——艾倫洛科斯《耐心:平靜生活的藝術》

| 平靜下來<br>適合科目:衛生與健康<br>單人<br><br>注:在這一節中 腹式呼吸法可以作為使平靜下來的補充活動 用於其他激勵活動之前。 | 1. 腹式呼吸法<br>目標:有耐心有節奏地深呼吸。<br>·安靜地坐在桌旁 雙手交疊。<br>·閉上眼睛。<br>·正常地呼吸。<br>·現在請關注你的呼吸 慢慢地吸氣5秒鐘 保持5秒鐘 再緩緩地呼氣5秒鐘。<br>·當你吸氣的時候 想像你自己變得越來越大 越來越輕。空氣充進來填充你的身體:胸部 腹部 背部 肩部。<br>·當你屏住呼吸時 想像自己越來越輕 甚至有懸空漂浮的感覺。<br>·當你呼氣時 想像你在擠壓你的肺部 排盡每一絲空氣 將它們從你的嘴裡排出 (這有可能會使你咳嗽 但沒關係 這意味著你正在排出所有的廢氣)<br>·耐心一點 :放慢你的呼吸。<br>·提醒學生們閉上眼睛 繼續這樣呼吸大約兩分鐘 讓他們默數秒數。並說道 當你們吸氣時"感覺像吹氣球一樣" 呼氣時"將你們的橫膈膜向下擠壓到臀部 將肚子用力往內收緊"。<br>·只要他們保持著專注的狀態就讓他們繼續下去 最多兩分鐘 然後說 :這將是你們最後一次深呼吸 慢慢地吸氣填充 (屏住呼吸)默數 然後呼氣。當你們像放掉氣的氣球一樣蜷曲起來的時候 你們會感到平靜 安詳 放鬆…… |

| | |
|---|---|
| 平靜下來<br>適合科目：自然科學<br>單人<br><br><br>道具：舒緩的瑜伽音樂、清幽環境的聲音，或者放鬆的音樂CD。 | 2.收集雲朵<br>目標：透過想像雲朵來達到平靜的感覺。<br>·舒服地坐著，腳放在地板上，腦袋趴在桌上，胳膊按你覺得舒適的方式隨意擺放。<br>·閉上眼睛並專注於你的呼吸。這個過程大約15秒。<br>·現在，想像一下，美麗的蔚藍天空上飄浮著許多白雲。<br>·你腦海中的雲朵是什麼樣子？確保你能在腦海裡看到它們。它們是什麼形狀？形狀在變化嗎？在移動嗎？<br>·想像你正漂浮在一朵雲上，沉入了雲朵裡並被包裹在裡面。感覺如何？你都看到了什麼？<br>-讓這個過程持續30秒，或者直到你注意到學生們開始不安之時，接下來告訴他們：現在請大家回到地面上來，但是當你們安靜地坐著的時候，請繼續感受雲朵在溫和緩慢地移動。<br><br>拓展報告：準備寫作或用插圖說明等。<br><br>展示：共用拓展報告的成果。 |
| 平靜下來<br>適用科目：藝術；衛生與健康<br>單人<br><br><br>道具：舒緩的瑜伽音樂、清幽環境的聲音、放鬆的音樂CD，或者古典音樂。 | 3.聽見色彩<br>目標：將想像的顏色加入聲音之中。<br>·安靜地坐著，腳放在地板上，腦袋趴在桌上，閉上眼睛。<br>·你將聽到一段音樂，當你聽著音樂時，想像一下這些音樂使你的腦海浮現出什麼樣的色彩。<br>·播放音樂。等待10秒鐘，然後說：你們看見了什麼顏色？這音樂讓你想起了綠色還是粉色？現在，請專注地想像彩虹的顏色，並且努力想像音樂讓你想起了什麼形狀的彩虹。請深呼吸並想象顏色。<br>·我將暫停音樂。當我暫停的時候，請你們靜靜地坐著，並想像在你的腦海中看到的顏色。<br><br>報告：學生們可以安靜地分享想像中的顏色；或者你可以進行快速的查問，瞭解一下大多數學生看到的是什麼顏色。 |

| | |
|---|---|
| 平靜下來<br>適合科目:語言藝術;<br>藝術<br>單人 | **4.魔法飛毯**<br>目標:體驗感官知覺。<br>·安靜地坐著,雙腳放在地板上,雙手放在桌上並將你的腦袋輕輕地枕在你的手上。請閉上眼睛做深呼吸。<br>·我將用魔法飛毯帶著你們離開這裡。想像一下,你們不是坐在課桌旁而是在一張漂亮的飛毯上。在你的腦海中想像這樣的場景:"你想像中的飛毯是什麼樣子?是什麼顏色?摸起來是什麼樣的感覺?"<br>·現在飛毯要開始移動了。它在緩慢地上升,緩慢地,上升......越來越高。現在感覺如何?要感覺得到它在你下面。你感受到緩慢的移動了嗎?當奇特的魔毯越飛越高,請認真感受吹向你臉頰的溫柔的風。<br>·你會感到非常的舒服。你現在在高高的雲端,當你的魔毯像小鳥一樣穿梭在雲間,你是完全放鬆的。<br>·現在請想像你將要去到哪裡。這是你的魔毯,因此你可以讓它帶你去任何地方。你想讓你的魔毯帶你去到何方?<br>·在你腦海中,如果你想的話,你可以向下看看,你看見了什麼?你將要到哪裡去?<br>·現在我將停止講話,我希望你們在飛毯上停留大約60秒,飛到你們想去的任何地方,並能感受到幸福和安寧。做一個安靜的守望者,守望著你們自己。<br>·在60秒之後,將他們帶回"現實"。告訴學生:"現在,你們將要回到地面,讓你們的魔毯緩慢地降落下來,直到你們回到課桌旁。"<br><br>報告:與其他同學談論你的旅行中的一些細節。<br>拓展報告:課堂討論並引出書面作業。<br>展示:分享你們所看到的,所發生的故事,並描述它們。 |

33

| | |
|---|---|
| 平靜下來<br>適合科目:任意科目,視主題而定<br>單人 | **5.想像一下**<br>目標:體驗想像出來的風景、氣味和聲音。<br>·安靜地坐在桌旁,將雙腳放在地板上,腦袋趴在桌上。<br>·閉上眼睛,並進行深呼吸。<br>·我將帶你們去一個想像中的地方。我希望你們將注意力集中到你們所看到的、聽到的、聞到的及感受到的一切事物上。首先請關注你們的呼吸。吸氣、呼氣、吸氣、呼氣……<br>·你迷失在了野外(更多場景請看下方的列表)。這是一個晴朗的天氣,但是你迷路了。<br>·在你的頭腦中四處看看,你看見了什麼?聽見了什麼?這是一天中的什麼時候?你感覺怎麼樣?<br>·在四周慢慢地走走,看看周圍的一切。注意你聽到的聲音、聞到的氣味。這時不要看前方,而是環顧你周圍的場景。<br>·以這種方式繼續,根據你所選擇的位置或主題的不同而側重於感官的不同方面,這個做法意在強迫學生們進入所設置的場景,並且關注他們腦海中的事物。<br>·這個激勵活動的意圖在於使學生放鬆,所以應該使他們想像積極的東西,避免將學生的思維帶入消極的場景。<br><br>報告:我強烈推薦報告這個活動,可以快速地進行(如果你想回到之前的課程):簡單地讓學生們分享他們去了哪裡以及大家主要想象的是什麼場景。<br>拓展報告:既然學生可以體驗到強大的想像中的情景,他們應該會喜歡和同伴分享或者將其寫出來。這個想像中的場景可以為將來的寫作提供靈感;此時他們可以在寫作思路本上快速記下他們的想法,可以在讀寫任務開始之前,在全班進行討論。<br><br>☆☆☆<br>示例場景<br>1.在太空中　　　　　　　9.在北極<br>2.在一個老式的農場　　　10.在海底<br>3.在一個遊樂園　　　　　11.在一個魔法王國<br>4.在滑雪場的頂部　　　　12.在月球上<br>5.在山頂的一架飛機上　　13.在一棵巨樹裡面<br>6.在海邊的一個美麗沙灘上　14.在一片充滿鮮花的草地上<br>7.在山中的湖邊　　　　　15.在平靜的海面中的遊艇上<br>8.在一個黑暗的地下洞穴　16.在叢林中乘木筏漂流 |

| | |
|---|---|
| 平靜下來<br>適合科目:自然科學<br>單人 | **6.時光機器**<br>目的:想像能夠隨時穿越到過去和未來。<br>·安靜地坐在課桌旁,雙腳放在地板上,雙手舒服地放在桌上。<br>·深深地呼吸,把精神集中在呼吸上。讓自己完全放鬆下來。<br>·你們今天很幸運,你們將要進入一個時光機器。請跟隨我所說的做,這樣你們就明白你們該怎麼做。<br>·首先想像你們想去哪裡。穿越到過去?回到恐龍時代,還是穴居人時代?或者穿越到未來?在一艘火箭船上?還是在一個陌生的星球上?<br>·做幾次深呼吸,然後決定你將穿越到哪裡。<br>·等待大約15秒。然後說:我將從10倒數,當我數到1的時候,時光機器將會把你們帶到你們所選擇的時間和地點。準備好了嗎?10·9·8·7·6·5·4·3·2·1·出發!<br>·再過幾秒,跟他們說:"你們到啦。"<br>·深深地呼吸,然後花時間看看周圍的環境。你們看見了什麼?聽見了什麼?聞到了什麼?感受如何?認真地感受這段時光和這個地方。由於你選了一個完美的地方,所以不會發生什麼壞事。好好享受吧。<br>·等待大約60秒,然後說:"當我從1數到10的時候,時光機器又將開始把你們帶回家。讓我們開始吧——1·2·3·4·5·6·7·8·9·10!"<br>·閉上眼睛並保持幾秒,並記住你所看見和所感受到的一切。<br>·現在,慢慢地坐起來並睜開你們的眼睛。<br><br>報告:我強烈支持讓學生報告這個活動。如果你想回到之前的課程,你可以快速完成此環節。讓學生簡單地和同伴分享他們到了哪裡,以及大家主要想像到的場景。<br>拓展報告:既然學生可以體驗到強烈的畫面感,他們應該會喜歡和同伴分享或者將其寫出來。這個想像的畫面可以為將來的寫作、戲劇活動、藝術項目提供思路或想法。學生們可以在寫作思路本上快速記下這些想法,可以在總結任務開始之前全班進行一次討論。 |

| | |
|---|---|
| 平靜下來<br>適合科目:任意科目;<br>衛生與健康<br>單人<br><br>注:此激勵法可以分為兩個獨立的活動來完成——宣泄不良情緒,然後用巧克力來恢復好心情。 | **7.巧克力和磚塊**<br>目標:釋放不良情緒,並用個人的正能量將其替代。<br>·舒服地坐著,雙腳放在地板上,雙手合掌,閉上眼睛。<br>·放鬆並深呼吸。<br>·現在我希望你們開始想像,哪些事或人真正讓你們受不了或者讓你們感到生氣。現在請關注你們的負面情緒——憤怒和沮喪。請感受它們:你們都十分緊張憤怒。在你的腹部,在你的頭部,在你身體的每一處,你都感受到它們。我將給你們10秒來體驗這種糟糕的情緒。<br>·等待10秒。現在請將這令人不快的情緒牢牢地封入堅硬的磚塊中。把這些情緒使勁兒推入磚塊中,並將其用水泥封好。現在你有一塊沉重的、堅硬的、內部滿是負面情緒的磚塊。<br>·現在開始是有趣的環節。等待直到我給你們引爆提示的時候,在你們的頭腦中把這塊磚炸掉。當我說"炸掉它"的時候,你們將想像出磚塊爆炸為數以百萬計的小碎片。然後糟糕的情緒將會徹底消除。<br>·請大家準備好——仔細看看你們心裡那塊裝滿負面情緒的磚塊。炸掉它!<br>·請一直把眼睛閉著。<br>·現在,想像讓你感到開心的人或事情。確保自己能看到那個人,想到那件事,並感受這種美好的感覺。努力體驗你從這件事或者這個人那裡得到的美好感受。你的內心將會感到溫暖舒適。你正對著自己微笑。我會給你們幾秒鐘的時間來認真體驗這種美好的感覺。<br>-等待大約10秒。現在,請把這些事情帶給你們的美好感覺用巧克力包裹起來。看著這些美好的感覺被裹入巧克力之中。你們都將巧克力做成了什麼形狀?你們能聞到那美味的巧克力嗎?<br>·當我告訴你們,你們將在腦海中把這塊巧克力吃掉。當你們這樣做的時候,那美好的感覺將會停留在你們的心中,讓你們感到溫暖又激動。<br>·準備好了嗎?看著這塊包裹著美好感受的巧克力,吃掉它!<br><br>拓展報告:該活動完成後,非常適合用個人日志反思作為後續活動。以下是幾個可能的引導性問題:<br>·你炸掉磚塊的時候是什麼感覺?<br>·你吃掉巧克力的時候是什麼感覺?<br>·這些感受有哪些不同之處和相同之處,為什麼? |

第二章　課桌活動

| | |
|---|---|
| 平靜下來<br>適合科目：任意科目<br>單人<br><br>道具：一些氣泡包裝紙(在任何郵政商店都可以買到)<br>準備：將氣泡紙剪成學生手掌大小。<br>注：一項調查顯示，按壓氣泡包裝紙上的氣泡真的能夠緩解壓力。就像按摩一樣有效！要不然為什麼會有那麼多應用程式會涉及戳泡泡？ | 8.戳泡泡<br>目標：快速戳破所有的氣泡<br>－安靜地坐著，等待我把氣泡包裝紙發給你們。現在還不能動手。<br>－當我提示你們開始的時候，盡可能迅速地將你們手中那部分氣泡紙的泡泡戳破。<br>·開始！<br><br>報告：討論一下戳泡泡是什麼感覺。 |
| 平靜下來<br>適合科目：任意科目<br>單人<br><br>注：1.這個活動十分適合考試之前使用。<br>2.在這個練習中，盡量用緩慢的、平靜的單音調講話。 | 9.接地練習<br>目標：透過從東方哲學中借鑒而來的基礎練習或自我集中的技巧來體驗完全平靜的感覺。<br>·舒服地坐著，雙腳平放在地板上。不要無精打采地坐著，坐直。<br>·將你的雙手放在桌上，稍微離座位的靠背遠一些，這樣你就不會靠在上面。<br>·放鬆你的舌頭。讓它在你的嘴裡輕輕地躺著。放鬆你的下巴。<br>·閉上眼睛，靜靜地深呼吸，用鼻子吸氣，從嘴裡呼出來。吸氣，呼氣，吸氣，呼氣……<br>－等待10秒再繼續：現在請想像你的面前漂浮著一個美麗的金色氣球。它在空中旋轉著，閃閃發光，如此美麗。<br>·看著這個氣球，在你的腦海中看著它。繼續想像：美麗的金色氣球。<br>·讓學生們平靜下來需要多次重複這個短語。這時，你需要判斷他們是否平靜下來，記住，不是所有學生都有同樣的體會。<br>·現在，仔細看著：這美麗的金色氣球正在向你移動——越來越近。它移到了你的身體裡面，正好在你的腹部。<br>·這個美麗的金色氣球在你的腹部。它讓你感到溫暖、放鬆、奇妙。感受到這個氣球用金色的光芒將你填滿，讓你感到平靜、自信、輕鬆、愉悅……<br>·繼續享受金色氣球給你帶來的美妙感受，直到聽到停止的提示。<br>·等待60秒，然後說：停止，放掉氣球並睜開眼睛。<br><br>報告：在此快速分享一下感受是有益的，尤其是第一次使用這個方法的時候。<br>拓展報告：在日志中進行反思那是最好不過的。對許多學生來說，這個方法可能效果驚人，並且令人耳目一新。 |

37

| | |
|---|---|
| 平靜下來<br>適合科目：自然科學；衛生與健康<br>單人 | **10. 擁抱大樹**<br>目標：體驗擁抱一棵樹的感覺想像。<br>·安靜地坐在桌旁，雙腳放在地上。<br>·閉上眼睛並將頭趴在課桌上。<br>·將手臂張開，放在課桌上。<br>·慢慢地將手臂合攏，感覺像是在擁抱一棵大樹。<br>·當你雙手環抱，感知到樹幹的大小的時候，便停止移動手臂。<br>·繼續在你的腦海裡擁抱這棵樹，想像一下你那棵獨特的大樹長什麼樣子，感覺起來如何，聞起來味道如何。<br>·繼續輕輕地擁抱它，並感受一股來自大樹的平靜的力量進入你的身體，讓你感到放鬆和平靜。非常的寧靜。 |
| 平靜下來<br>適合科目：衛生與健康；社會學科<br>單人 | **11. 沉默的尖叫**<br>目標：只透過肢體語言來展示和釋放強烈的情感。<br>·我們每個人都有許多強烈的情緒或情感。由於我們所處的地方或者與我們待在一起的人的緣故，有時我們並不能將這些情緒釋放出來。接下來，我們將練習一些無聲的情緒。<br>·坐直，面向前方，眼睛看著我。情緒的表達是為了你自己，所以沒有必要去看其他同學。<br>·現在開始：想像你現在非常地難過，想像那些令你不愉快的事情並用你的身體去感受它——用你的眼睛，你的腦袋，你的胸膛，你的雙手去感受它。慢慢地呼吸。你現在非常非常的傷心——感受它並讓你的身體將它展示出來。大約 10 秒鐘。<br>·帶領你的學生一一經歷這些情緒：憤怒、恐懼、擔心、驕傲、渴望、興奮。<br>·以一種積極的情緒結束，如快樂、平靜、喜悅、放鬆或滿足。<br><br>報告：快速回顧一下不用說話來釋放情感是怎樣的感受。<br>拓展報告：用日誌記錄一種難於或是容易無聲地表達的情緒。<br>展示：選擇你所瞭解的一個同學去向他展示這個過程。 |

第二章　課桌活動

| | |
|---|---|
| 平靜下來<br>適合科目:任意科目<br>單人<br><br>注:<br>1. 此活動與190頁"響亮的沉默"類似,但更注重於整個的身體意識及剛性。<br>2. 後靠的坐姿有助於感到放鬆,而不是一種僵硬固定的感覺。這個想法的初衷是在完全靜止的狀態下體驗肌肉的緊張感。 | 12. 一無所有!<br>目標:盡可能什麼事情都不要做。<br>·這是一個很困難的遊戲。因為,你們將要做的是什麼都不要做!<br>·以舒適地坐在你的椅子上開始,端坐好;不要將你們的頭趴在桌上,不要無精打采地坐著,要挺拔向上。<br>·當提示你們開始時,你們將凍結住自己——全程都不能移動,也不能發出任何聲音。聽起來很容易,不是嗎?然而並非如此。<br>·檢查一下你是否是舒適且牢固地坐在了椅子上;身體有沒有四處亂晃,以你不會移動的姿勢保持著,甚至不能撓癢。<br>·嘗試使你的隔膜靜止;慢慢地,安靜地呼吸。<br>·你現在是一座雕塑!甚至連你的一切想法都靜止了。開始吧。<br>-保持60秒甚至更久一些,讓學生們保持靜止不動這麼長的時間是很困難的。<br><br>報告:討論這個遊戲中困難或者簡單的地方。<br>拓展報告:挑戰學生去思考:哪些情形下,完全靜止和沉寂是必要的? |

| | |
|---|---|
| 平靜下來<br>適合科目：語言藝術<br>單人 | **13. 神秘的鑰匙**<br>目標：富有創造力地想像一把神秘的鑰匙可以用來做什麼。<br>·舒服地坐著。如果願意，也可以把你的頭放在課桌上。<br>·閉上雙眼，深呼吸。請傾聽我的聲音。<br>·我希望你們進行想像，在你們的腦海中出現一把巨大的、非常舊的鑰匙。看著它。它是什麼形狀？什麼顏色？只管想像那神奇的鑰匙。<br>·現在，你看見五六扇門出現在你面前。<br>·想像一下你將用你手中的鑰匙去開啟其中一扇門，並想像在門開啟的剎那你將看見什麼，聞到什麼，感受到什麼，聽見什麼。<br>·等待大約20秒：現在去到你所選擇的那扇門前，用你那具有魔法的鑰匙打開它並帶領自己進入神奇的旅程。<br>·等待大約20秒。看一看，聽一聽，聞一聞，甚至是嘗一嘗魔法之門後面的一切。留意並記住事物顏色、紋理、氣味的細節。一直待在你的魔法聖地，直到我提示你們停止。<br>·注意察看學生是否不安，並注意活動時間。通常情況下，學生最多能在這個過程中舒適地保持兩分鐘。<br><br>拓展報告：這是一個很好的寫作前的準備活動。如果在想像活動後，在寫作前需要進行討論，引導問題包括如下：<br>·你的鑰匙看起來如何，感覺起來如何，聞起來如何？<br>·這扇門是什麼樣子？你為什麼選擇你所選擇的那扇門？<br>·鑰匙卡在門上了，還是能夠輕易地打開門？<br>·當門打開之時，你注意到的第一件事是什麼？<br>·你穿過了那扇門嗎？為什麼進入或者為什麼沒有進去？<br>·描述一下你的奇妙旅程，在這個過程之中你的感受如何？ |

| | |
|---|---|
| 平靜下來<br>適合科目:自然科學<br>單人 | **14. 飛起來!**<br>目標:想像身體從課桌邊上懸浮起來或升入空中。<br>· 舒服地坐著,雙腳平放在地板上。將你的頭枕在雙臂上,閉上眼睛。<br>· 深深地呼吸,用鼻子吸氣,從嘴裡呼出來。<br>· 請保持安靜並傾聽我的聲音。<br>· 你感覺自己很沉重,像一塊堅硬的岩石。很重、很重……想像有一股強大的壓力重重地壓在你身上,使你越來越重。<br>· 繼續想像那股壓力以及你身體的沉重感,你的腿、胳膊、腦袋都很重……<br>· 等待大約20秒再繼續:現在,神奇的事情就要發生了。突然間你感到這股壓力消失了。<br>· 你的腳和腿開始感到輕盈了不少。幾乎要飛離地面。<br>· 你感到你的身體越來越輕。<br>· 這種輕盈的感覺進入了你的肩膀、腦袋、胳膊……越來越輕,越來越輕……<br>- 你現在是如此地輕盈,以至於你感覺到自己正在離開你的椅子 —— 當然是在你的腦海中,而不是現實生活中。<br>· 現在,想像你已經升起來了,慢慢地升入空中,像一個沒有重量的泡泡。起飛,上升,上升,上升……越來越輕,越來越輕……<br>· 只要你覺得合適,可以繼續以這種方式進行指導。然後告訴大家,你們將慢慢地飄落在四周,直到我提示你們停下來為止。<br><br>報告:感覺怎麼樣?在回到被中斷的課程學習之前,鼓勵學生們進行短暫的分享。 |

| | |
|---|---|
| 平靜下來<br>適合科目:衛生與健康;語言藝術;數學;自然科學<br>單人<br><br>注:這個活動與上面的"飛起來"活動很類似,但是操作起來更加方便迅速。 | **15. 輕如羽毛的手臂**<br>目標:體驗手臂自己漂浮或升起來的感覺。<br>·端坐起來,將你的雙腳平放在地板上,你的手和前臂平放在課桌上面。這也被稱為獅身人面像的坐姿。<br>·當我提示你們開始的時候,你將用你的手掌和手臂盡可能用力地向下壓桌子,但不要站起來。<br>-給學生們開始的提示,並口頭鼓勵他們用力推桌子約30秒。實際過程比它看起來要困難一些。<br>·示意大家停止,然後立刻說:讓你們的雙臂漂浮起來。請留意你們的手臂,它們現在似乎沒有了重量。只管讓他們漂浮起來並享受這樣的感覺。<br>·讓學生們體驗他們手臂失重的感覺大約30秒鐘,然後進行報告。<br><br>報告:想想當你最開始停止按壓桌子的時候你的手臂的感覺是怎樣的,你怎麼來描述那樣的感覺?你認為為什麼會那樣? |
| 平靜下來<br>適合科目:自然科學<br>單人<br><br>注:這個活動可以坐著完成,但在地板上做效果更佳。 | **16. 貓姿勢**<br>目標:模仿貓咪伸懶腰時放鬆的動作。<br>·這個活動將在你們的課桌旁進行,從你們的雙手和膝蓋開始。<br>·安靜地聽著我說,跟著我的指令做。<br>·你現在是一只貓——一只安靜的貓。你剛從一個長長的、放鬆的午睡中醒來,你將伸展你的身體。<br>·首先,向下彎曲你的背部,將你的腹部向下沉,儘量靠近地面,同時將你的脖子向上拉伸。<br>·現在請做相反的動作,將你的背部像萬聖節的貓那樣蜷縮起來。<br>·再次重複這兩個動作。<br>·將你的右手盡可能地向前伸……慢慢地,慢慢地。然後將你的另一隻手也向前伸。<br>·記住——你在伸展和放鬆,伸展和放鬆。<br>·將你的身體蜷縮成球狀並保持這個姿態,感到非常的溫暖放鬆,直到我提示你們回到座位上。<br>·讓這個動作保持大約30秒。 |

第二章　課桌活動

| | |
|---|---|
| 平靜下來<br>適合科目:自然科學<br>單人 | 17. 望遠鏡<br>目標:想像透過一個非常強大的望遠鏡看到一個物體。<br>·舒服地坐著,將你的雙腳放在地板上,頭枕在雙臂上,閉上眼睛。<br>·如果你更喜歡坐得直直的閉上雙眼,那也是可以的。<br>·你感到非常的舒適。<br>·深深地呼吸,用你的鼻子吸氣,從嘴裡呼出來。<br>·想像你在一架非常強大的望遠鏡面前。這架望遠鏡能讓你詳細地看到任何你想看到的東西。例如,你可能想看看自己的手,看看手上所有微小的線條、顏色、掌紋……什麼都行。或者你想看看遠處的東西,比如月球。你可以看到月球表面的所有細節。<br>·用幾秒鐘思考一下你將看到什麼,然後透過你的望遠鏡來檢驗它。現在還不要透過望遠鏡去看事物,我會告訴你們什麼時候才能開始看。<br>-等待大約20秒,然後提示學生開始看。在一旁指導學生幾秒鐘,然後最多保持兩分鐘這樣安靜的狀態。<br><br>報告:邀請學生來分享他們檢驗的結果,這應該是一個十分快速的隨堂分享。<br>拓展報告:把看到的那些細節景象寫下來或者進行討論。 |
| 平靜下來<br>適合科目:語言藝術<br>單人<br><br>道具:收集些簡單的、適合學生年齡的笑話,將它們寫在紙條或卡片上,裝進罐子或口袋裡。<br>準備:這個活動需要老師提前準備,但是它會以很好的效果證明這些努力是值得的。網上有很多笑話網站,可以讓你的助手或者志願者幫忙選擇笑話。 | 18. 罐子裡的笑話<br>目標:聆聽並享受隨機選擇的一個笑話。<br>·舒服地坐著並看著我,我們將一起開懷大笑……或者遇到一件令人無奈的事情。<br>·如果這是一個好的笑話,則在笑話講完之後豎起大拇指表示。如果這是一件令人無奈的事情,則將我們大拇指朝下。記住,不是每個人都會有同樣的感覺,因此不存在正確或錯誤的回饋。<br>·選擇一條笑話並分享給大家。<br>·等待大約 5 秒再喊,請大家開始豎拇指。<br>·最多分享三則笑話,不能更多了。<br><br>報告:是什麼使這個笑話好笑或不好笑? |

43

| | |
|---|---|
| 平靜下來<br>適合科目：衛生與健康；語言藝術；自然科學；社會課程<br>單人<br>道具：收集一些校園趣事，並將它們寫在紙條或卡片上。<br>準備：正如"罐子裡的笑話"一樣，這個活動需要老師提前做好准備：收集一些有趣的校園故事。收集或選擇趣事的工作可以由志願者或者助手來完成。<br>注：1.你可以在自己的某堂課上完成收集和選擇趣事的準備工作。<br>2.這個活動很容易轉換成知識競答，所有年齡段的學生都很喜歡競答比賽。 | **19. 校園趣事**<br>目標：一起分享關於你學校的一些有趣的事。<br>·安靜地坐好並且認真聽著。<br>·你將會為我們學校的一些事兒感到驚訝。<br>·閱讀幾條有趣的事實，或者選出趣事讓學生來讀。<br><br>報告：哪一個事實最讓你感到驚訝？為什麼？<br>建議的校園趣事：<br>·這所學校何時建立的。<br>·這裡有多少學生/老師/員工。<br>·校園設施/課程設置/校園環境幾個方面的重大變化。<br>·校規的變化/發展。<br>·第一任校長。<br>·現任校長的名字。<br>·關於老師們的趣事，別忘了首先需征得老師的同意。<br>例如：<br>— 誰剛剛過了一周年紀念日，剛過了生日，剛有了孩子或者孫子。<br>·誰剛去了夏威夷/墨西哥/俄羅斯等等。<br>·誰喜歡打籃球/曲棍球。<br>·誰喜歡滑雪/跳舞/唱歌/游泳，或者參加了什麼比賽，等等。 |
| 平靜下來<br>適合科目：藝術；衛生與健康；自然科學<br>個人參與的小組活動<br>道具：泡泡液。可購買或提前製作好。<br>準備：將一些甘油，一些餐具洗滌劑和一些水混合起來。將泡泡混合液裝在封閉的容器之中，這會使得泡泡更大，更美麗。將金屬絲擰成封閉的環，或者使用任何可以吹出泡泡的道具。 | **20. 泡泡之旅**<br>目標：觀察漂浮著的泡泡並專注欣賞它們的美。<br>·安靜地坐好，並觀察我接下來要做的。<br>·吹出一些泡泡。<br>— 現在請更仔細地看看，你們能否看見任何顏色或者不同尋常的形狀。<br>·吹出更多的泡泡。<br>— 輕輕地向靠近你的泡泡吹氣，並讓它盡可能長時間地停留在空中。<br>— 大約持續兩分鐘。堅持全程都讓學生坐在他們的位置上，吹泡泡的時候四處走動，這樣所有學生都能夠體驗到輕輕地吹泡泡的過程。 |

## 鉛筆和紙

這一節的激勵活動仍然在學生的課桌邊進行，但不同于"平靜下來"那組中的活動。這一組的活動要求學生更活躍、更刺激、更有參與感。因為要求學生能快速地使用紙和書寫用具做出反應，因此這些任務往往更具認知和啟發作用。這些活動多數都具有競爭性，它們鼓勵學生快速思考(混合拼字，57頁)，謹慎地預測(無限延伸的線，51頁)，或者引導注意力(塗畫、揉紙並撕碎，46頁)。學生們喜歡這些激勵活動，很可能是因為在不計對錯的情況下，學生的創造性得以促進。將這些活動用在如下課程之前，效果非常顯著，如：需要細心做好筆記的課程(一分鐘記憶，47頁)、精細地運動控制(給我畫一張圖，62頁)、積極地傾聽(聽音作畫，52頁)，或者文學概念(拼奏字母，49頁)。

不同于"平靜下來"中的主要針對學生個人的活動，這組激勵活動大多涉及同伴合作或者小組合作，因此也照顧到了學生社交和溝通能力的培養。然而，大多數活動要求安靜，因此必須強調"不許講話"這個原則。讓學生注意到非語言交流的強大力量。

一些活動需要老師提前做好收集文字/故事(例如，詞樂透，50頁)之類的準備，如果需要也可以現場搞定。

盡管老師們有自己喜歡的分組配對的方法，但如果能預先想好使用哪種分組法，便可以避免不必要的爭論及防止課堂中斷：

1. 通常最快的分組方式是讓學生與鄰近的同伴搭檔：轉向你後邊/旁邊的同學……

2. 另一個將學生快速分組的方式是讓他們依次報數：1和2搭檔，3和4搭檔，以此類推。

3. 定期更換夥伴關係是一個好主意，這樣有助於形成新的人際關係，並且為學生們提供了更多的向他人學習的機會。

---

在學生需要休息的時候，可隨時開展這些活動。"鉛筆和紙"這個系列的活動用在具有運動特性的課程之後，尤其有效果，比如在運動之後、在體育課或美術課之後。在這些情況下，它們可以作為從大活動到小活動的過渡，或者作為那些需要更加集中注意力的課堂活動的過渡。

| 鉛筆和紙 | 21. 塗畫、揉皺並撕碎 |
|---|---|
| 適合科目：美術；衛生與健康；自然科學<br>單人<br><br>道具：每一個學生一張任意大小的廢紙（它可以有文本或者是空白的）；個人書寫工具。<br><br>注：塗畫，以及揉皺和撕裂的紙張，讓學生從沮喪焦慮中解脫出來，並促進腦中的內啡肽流動，同時也透過一個健康的宣洩口減少焦慮。 | 目標：在一張紙上隨意塗畫，把它揉皺並撕成小碎片，最後扔掉。<br>•選擇一個書寫工具，可以是任何你喜歡的工具。<br>•當我提示你們開始時，將你們的紙塗滿，並嘗試帶著情緒進行塗畫。你感到生氣嗎？無聊嗎？沮喪嗎？將這些情緒在你塗寫時表達出來。<br>•提示開始，並給予學生 30 秒的時間進行塗畫。<br>•提示學生停止。<br>•心態平靜地將你的紙揉成一個小球。<br>•現在，打開你們的紙，將它撕成一小片一小片的。再次帶著平靜的心態。<br>•給學生60到90秒的時間來揉合和撕碎這些紙。<br><br>報告：討論撕紙是什麼感受。如果有的話，問問學生在這個過程中的體驗，並且請他們就怎樣/何時能夠獨立開展這個活動提出建議。 |
| 鉛筆和紙<br>適合科目：美術；衛生與健康<br>單人<br><br>道具：每一個學生一張紙，個人書寫工具。 | 22. 禪意園<br>目標：用你的手指追隨曲線的蹤跡。<br>•將準備好的紙發放給學生，或者讓學生用他們自己的紙。<br>•當我提示你們開始的時候，大家將用柔和的波浪線自上而下將紙畫滿。<br>•你們將從畫這樣一條線開始。在黑板或者你自己的紙上畫一個曲線的示範。避免將它畫得太複雜，它應該是一條在禪園或者沙灘上能見到的柔和的曲線。<br>•以第一條曲線為基礎，在旁邊畫上其他曲線，線與線之間不能重合，直到將整張紙畫滿。線與線之間大約相距 1/2 厘米，每一行都要照著第一條線來畫，最後將紙填滿。<br>•當你完成之後，放下手中的筆並安靜地坐好。<br>-這個過程大約 30 秒，或者直到學生們全部完成。在一旁指導是有必要的。<br>•當我提示開始的時候，用你們的手指慢慢地跟隨曲線，從頂部一直到底部，一遍又一遍地劃動。專注於這些柔和的曲線，輕輕地、溫柔地跟隨它們，但手指幾乎不碰到紙。<br>•繼續做下去，直到我給你們停止的提示。<br><br>報告：快速討論一下做這個活動的感受。大多數學生發現這個活動能夠讓人感到平靜。<br>拓展報告：從網上瞭解"禪意園"這項活動。 |

第二章　課桌活動

| | |
|---|---|
| 鉛筆和紙<br>適合科目:語言藝術;<br>衛生與健康<br>單人<br><br>道具:每個學生一張橫格紙;個人書寫工具。<br><br>注:這對基於記憶的寫作任務是一個極好的預設活動,它看似很匆忙,但是有時最好的記憶正是最容易最快速獲得的。 | **23. 一分鐘記憶**<br>目標:快速喚起並記下某種記憶。<br>·快速將紙分發出去,讓學生選擇好書寫工具。<br>·舒服地坐好,並將紙和筆放在你們面前。<br>·當我提示你們開始時,閉上你們的眼睛並用幾秒鐘思考一下有關任何事物的回憶。它可以是任何你做過的、看過的、想到的或聽到過的事情。<br>·我會給你們 30 秒的時間去思考這段記憶。<br>·當我再次提示你們開始時,記下關於那段記憶的關鍵詞或要點。你只有兩分鐘的時間來記下它們。<br>·提示他們開始思考。<br>·提示他們開始寫。<br><br>報告:邀請一到兩名學生分享他們寫下的東西,或者讓學生保存好記下的內容,為今後的寫作任務做準備。 |
| 鉛筆和紙<br>適合科目:任意科目<br>兩人一組<br><br>道具:每一對同伴一張紙;個人書寫工具。 | **24. 把我關進籠子**<br>目標:一個避免被困的、關於機會與策略的簡單小遊戲。<br>·同伴之間應該盡量坐在一起。為了這個遊戲,你們可能需要將桌子或椅子移到你們的中間。<br>·你們每個人都需要一些用來書寫的東西;你們需要一張紙放在兩人中間。<br>·在紙上橫著畫四個點,點與點之間相距約2.5厘米或3厘米,再在這四個點下方畫四個點,然後用間隔的點來填充這個正方形。你一共需要畫 16 個點。在黑板上畫一個示例:一個由 4×4 的點組成的正方形。<br>·下面開始遊戲。決定同伴雙方誰先開始,稍候片刻,讓他們決定誰先開始。<br>·開始的那位同學選擇任意兩個點將它們連成一條直線,然後另一個人也任意連兩個點,以此類推。<br>·這就是詭計所在。這個方形的盒子圖形代表一所小監獄。你想待在監獄外面,這意味著你不想被迫畫上最後一行來封閉這個盒子。如果是你畫的最後一筆,你就必須將你姓名的首字母寫在那個盒子上——你被關進了監獄——然後再來一輪。<br>·盒子裡姓名首字母最少的是勝出者,因為他進入監獄的次數最少。<br>·記住,這是一個安靜的活動。 |

47

| | |
|---|---|
| 鉛筆和紙<br>適合科目:自然科學；數學<br>兩人一組<br><br>道具:每一對同伴一張紙,個人書寫工具。<br><br>注:學生們往往會在課堂上交談,提醒他們口頭交流是不允許的。 | **25. 圓圈和方塊**<br>目標:和同伴一起用圓圈和方塊創造一個有趣的插圖或者一張抽象的畫,但過程中兩人不許進行口頭交流。<br>·你們兩人之間決定誰來畫圓圈,誰來畫方塊。<br>·你和你的夥伴將有兩分鐘的時間來創造一張有趣的圖畫。但你只能使用指定的圖形。選定方塊的同學只能畫方塊,選定圓圈的同學只能畫圓圈。<br>-此外,你們不能相互交談。你們只需要開始畫畫——輪流著畫——讓我們看看將發生什麼。<br>·提示學生開始。<br>·只剩下30秒的時候提醒學生。<br>·提示學生停止。<br>·現在,你們有30秒的時間與你們的同伴討論你們的畫像什麼。它有可能是抽象的。現在開始討論。 |
| 鉛筆和紙<br>適合科目:任意科目<br>兩人一組<br><br>道具:每一對同伴一張紙,個人書寫工具。 | **26. O's 和 X's(翻轉五子棋)**<br>目標:玩一個紙和筆的遊戲,玩法正好與我們所熟悉的X's和O's(五子棋)遊戲相反。<br>-這個遊戲與你們所知道的X's和O's(五子棋)相似,但正好與它是相反的。<br>·以畫兩條垂線開始,並畫兩條水平的線穿過它們。教師在黑板上畫出格子示例。<br>·現在,你們有9個格子。<br>·決定你們誰是X,誰是O。<br>·輪流將你們的記號填入格子中。你們的任務是避免將你們自己的記號連成一條直線。如果你的同伴迫使你將其連成了一條直線,那麼你就出局了。<br>·記住,全程不允許交談。如果在我提示你們停止之前有人出局,那麼可以重新再來一局。 |

| | |
|---|---|
| 鉛筆和紙<br>適合科目：美術；自然科學<br>兩人一組<br><br>道具：每一對同伴一張紙；個人書寫工具。<br><br>Student A —<br>Student B — | **27. 兩釐米的小道**<br>目標：畫兩條兩釐米的直線，並讓它們相互垂直。<br>・你和你的同伴將共用一張紙。<br>・你們的任務是用大約兩厘米長的線來完成的。大家可以確認一下這個長度。<br>- 每一條線必須與前一條線連成直角，或90度。一條線不能超過另外一條線。教師在黑板上畫幾條線展示一下。<br>・你們必須團隊合作，這樣你們才不會被困在頁面的邊緣而無法進一步移動。你們必須提前考慮清楚，但是在這個過程中你們不許相互交談。<br>・請一直畫，直到我提示你們停下來為止。然後我們來比較一下大家紙上的成果。<br><br>展示：這是一個展示"協作"精神的好活動。 |
| 鉛筆和紙<br>適合科目：語言藝術<br>兩人一組<br><br>道具：每個學生一張紙和個人書寫工具。 | **28. 拼湊字母**<br>目標：隨意寫下五個英文字母，然後將它們加入你的同伴的五個字母中來組成單字。<br>・當我提示你們開始時，在你們的紙上寫下五個字母。不要讓你的同伴看見你寫了什麼。<br>・在你們每人的紙上，將你們各自寫下的字母放在一起，再從這些字母中組成盡可能多的單字。<br>・如果你們同時選了相同的字母，意味著在一個單字中這個字母可以出現兩次。否則，每一個字母在一個單字中只能使用一次。<br>・你們將有兩分鐘的時間，開始！<br>・在兩分鐘快要結束的時候，確定出勝利的一組。快速准確地進行檢查。指出單字量的大小取決於他們最初選擇的字母。一旦學生玩過幾次這個遊戲，他們會成為選擇包含最大單字量的字母方面的專家。 |

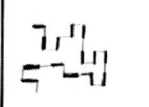

49

| | |
|---|---|
| 鉛筆和紙<br>適合科目：任意詞匯課<br>兩人一組<br><br>道具：每對同伴一張紙和一個書寫工具。<br><br>準備：寫10到15(或20到25)個單字，可以隨機選擇，或者選擇與學科相關的詞，與單字表相關的詞，與拼寫相關的詞，等等。將這些詞抄寫在小紙條上。 | **29. 詞樂透**<br>目標：與同伴一起隨意選擇一個單字，然後碰碰運氣看看你們所選的單字是否就是老師所選的單字。<br>・用兩條交叉的線在你的紙上繪製一個大大的"+"(十字)，或者用兩條垂直的線和兩條水平線繪製一個網格。<br>・從我們的詞彙列表中選擇四個詞並寫入每個方格中，或者選擇九個詞寫入每個方格中。<br>・我將從詞彙列表中隨意選擇一個單字，如果你們正好也選了那個單字，就在它上面畫線或畫"×"。<br>・第一個把所有的單字都劃上線的小組獲勝。 |
| 鉛筆和紙<br>適合科目：任意課程<br>兩人一組<br><br>道具：每個學生一張紙和個人書寫工具。<br><br>注：一邊畫圖一邊簡要描述出思維的過程，讓我們了解如何思考，並為將來比較困難的思維任務提供參考。 | **30. 想像中的帽子**<br>目標：畫出想像中的帽子並進行描述。<br>-思考是很重要的，我們無時無刻不在思考。但有時思考會變得困難一些，那就是當你們聽到我說"帶上你想像中的帽子"的時候。<br>・你需要透過有趣的想像，確定自己想像中的帽子長什麼樣子，然後將它畫出來。<br>・充滿想像力的去畫那頂帽子，如果你想畫一頂看起來比較滑稽的帽子也是可以的。你們有一分鐘的時間。等待大約 60 秒。<br>・閉上你們的眼睛，想像你們正戴著那個帽子。等待大約 20 秒。<br>・請注意你戴上那頂帽子的感覺，選擇兩到三個單字來描述你的感覺。<br>・當我提示你們睜開眼睛時，請在你們的帽子旁寫下描述的單字。<br>・提示學生們睜開眼睛並寫下描述的單字。<br><br>報告：學生可以與他人分享他們所畫出的圖畫和描述的單字，或可以進一步將它發展成一個寫作任務或創作任務。 |

## 第二章　課桌活動

| | |
|---|---|
| 鉛筆和紙<br>適合科目：美術、數學、自然科學<br>兩人一組<br><br>道具：每一對同伴一張沒有網格的紙和一個書寫工具。 | **31. 無限延伸的線**<br>目標：與你的同伴一起作畫，只能用一支鉛筆和一條永不停止的線。<br>・一對同伴只能用一張紙和一個書寫工具。<br>・你和你的同伴將要共同創造一副有趣的圖畫。但是這裡有個要求，一旦你將鉛筆放到紙上就不能將它拿起來，直到我提示你們停止為止。你們的圖畫將由一條連續的、無限延伸的線組成，並且由你們輪流來畫它。<br>・你們不能相互交談。你們要試著解讀或者思考你的同伴將要畫什麼，不要進行非言語的交流，例如在空中畫東西或者相互打手勢也是不允許的。<br>・每當你們聽到我的提示，將書寫工具傳給另一個同伴。接到書寫工具的那個同學接著之前停止的地方繼續畫。<br>・記住，你們不能討論你正在畫什麼。它是你們所畫的線生成的。<br>・做示範或者用你的學生的姓名舉個例子：例如，我是布倫達並且我正在畫這幅畫，然後當我聽到提示就將鉛筆遞給珊迪，然後珊迪接著在畫上繼續畫，就像這樣……<br>・提示學生開始。每五秒鐘提示學生輪換，這個過程最多進行兩分鐘。<br>・現在你和你的同伴有20秒的時間來確定你們畫的是什麼。然後我們進行一個快速的分享。<br><br>報告：邀請每一組來展示他們的作品並告訴大家它是什麼。<br><br>拓展報告：讓大家就這種作畫方式與無中生有的謠言進行比較，討論一下我們如何有依據地推測他人的意思，什麼樣的線索和提示可以幫助我們。 |

51

| | |
|---|---|
| 鉛筆和紙<br>適合科目：美術、數學、語言藝術<br>兩人一組<br><br>道具：每一對同伴一張紙和一個書寫工具；一幅畫(可選)。 | **32.聽音作畫**<br>目標：透過聽同伴的指示"複製"一張插圖。<br>·決定誰是說話者，誰是藝術家。<br>·所有的藝術家都轉身背對教室前面（如果你正使用投影儀或交互式白板，你不能讓他們看見插圖或者單字）<br>·畫一幅插圖(最好和年齡小一點的學生一起畫)或者寫幾個能讓說話者看清的單字。圖畫道具(簡單事物的插圖)或者簡單的物件，如使用鑰匙，一副眼鏡或者一個咖啡杯都行。或者學生可以根據口頭指示作畫。<br>·說話者，你們的任務是讓你們的同伴只能根據你們的口頭提示來再現或畫出這幅插圖，這個單字所指示的東西或者這個小物件。但是你們不能直接告訴他們將要畫什麼。你唯一可以提供的指示是描述形狀，線條或頁面方位的詞。例如，你可以說："在這一頁的頂部畫一個圓圈。"<br>·整個繪畫過程，你有兩分鐘的時間向你的同伴進行描述。<br>·提示學生開始和停止。四處走走看看學生們是否提供了太多的資訊或者過於具體的提示。<br>·你可以選擇讓學生進行角色交換，那樣說話人就成了藝術家，藝術家成了說話人。因為這樣花的時間比較長一些，如果需要的話，它可以成為你下一個三分鐘激勵法的選擇。<br><br>展示：邀請學生展示他們的圖畫。<br><br>簡單的插圖：<br>·魚、美人魚、章魚、鯨魚、水母、海星。<br>·動物，如兔子、貓、狗、大象、長頸鹿、烏龜。<br>·汽車、卡車、火車、船。<br>·正在行動中的人的靜態。<br>·花、樹、鳥、蝴蝶、瓢蟲。<br>·房子、穀倉、教堂、圓頂帳篷、帳篷、小屋。<br><br>課堂上的簡單物品：<br>·茶杯、玻璃、容器。<br>·帽子、閱讀眼鏡、服裝道具、珠寶首飾。<br>·書寫工具、剪刀、釘書機。 |

| | |
|---|---|
| 鉛筆和紙<br>適合科目:數學<br>兩人一組<br><br>道具:每對同伴一人一張紙;個人書寫工具。<br><br>注:這是一個很好的數學練習的遊戲,可以透過改變原始數字的範圍和運算類型來增加或者降低難度。用分數和小數也可以。 | **33. 瘋狂的數字**<br>目標:使用預先選擇的數位來達到老師所提供數位的量。<br>·在你紙的中間畫一個大大的"+"(十字),將紙劃分為四個部分。在每一個象限裡,從 0 到 9 之間任意選擇一個數字,寫在象限內。<br>·另一頁是用來計算分數的,暫時不要在上面書寫。<br>·我將要說一個數字,你如果正好在你的紙上寫下了同樣的數字,在你們的計分頁上給你們自己記上一分。有必要的話,可示範展示一下。<br>·如果你們可以透過加法、減法、乘法、除法來得到那個數字(選擇哪種運算方法視學生的個人能力而定,每次只能使用一種運算方法),就可以給自己加上兩分。你和你的同伴可以快速討論各種演算法。<br>例如,老師說的數位是 4 並且運算方法是:加法。如果我在一個象限裡有4,那麼我得到了一分。如果我的紙上有1和3,那麼我可以用1加3得到4,然後獲得兩分。這意味著當所說的字母是 4 的時候我總共就得了三分。<br>·如果你用兩個及以上的數字得到老師所說的數字,將這個運算和數字寫在積分欄裡。比如:1+3=4<br>·在遊戲結束之時,快速地加上你們的分數,我可以檢查你們的運算是否做對了。<br><br>數字象限及計分示例<br><br>```
    1+3+7=11  |  3+1=4
          1   |    3
    ──────────┼──────────
      4+3=7   |  7+4=11
          4   |    7
```
 |
```

| | |
|---|---|
| 鉛筆和紙<br>適合科目：語言藝術<br>5到6人一組<br><br><br><br>道具：每個小組一張紙（最好是有格子的），個人書寫工具。 | **34. 紙上流言**<br>目標：寫一句話傳遞給同學，然後觀察有何變化。<br>·在這個遊戲中，每個同學先閱讀前一位同學寫在紙上的句子，然後將紙折起來將前一個同學寫下的句子遮蓋起來。給學生演示如何水準地折紙以遮蓋前一個句子。<br>·然後讓這位同學重新寫下意思相同（或大致相同）的句子，要求使用不同的單字來寫。如果這個句子是"我去小鎮買了商品"，那麼我可以寫下"我去商店買了麵包和牛奶"。<br>·每個學生只有短暫的幾秒鐘時間來默讀並重寫句子，然後把紙傳遞給下一個同學。<br>-這是一個定時的遊戲。在60秒截止的時候，我們會分享每個組都寫了什麼。<br>·記住，不許講話。<br>·我將會把句子發給你們作為開頭，但只有每個小組的第一個同學可以看這個句子。其他所有同學都請把你們的頭低下來並閉上眼睛。每組的第一個同學將這個句子寫在你們組的紙上。<br>·將這個句子寫在黑板上或者交互式白板上，看下面的建議。然後允許所有的學生坐起來準備好他們的順序。<br><br>報告：分享最後一次寫下的句子。快速討論這些句子變成了怎樣以及為什麼會變成這樣。<br>拓展報告：這個活動適合深度討論謠言如何開始，怎麼快速蔓延以及最後怎樣被摧毀，等等。<br><br>開放性句子示例<br>·熱帶雨林中的動物正瀕臨滅絕。<br>·當火警響起的時候，學生們從學校裡跑了出來。<br>·在我的廚房裡有烹飪用具和食物。<br>·我的背包是一個奇妙的東西，因為裡面裝了好多珍貴物品。<br>·這部電影很恐怖，但爆米花奶油味香濃，味道很不錯。<br>·我們班上所有的孩子都善於學習，舉止文明且髮型炫酷。<br>·我有一個完美的寵物，因為它又小又可愛。<br>·我最喜歡聰明，有愛心和幽默的老師。<br>·我的理想是不用太辛苦地工作就能名利雙收。 |

| 鉛筆和紙<br>適合科目：語言藝術<br>兩人一組<br><br><br><br><br><br>道具：每對同伴一張紙和一件書寫工具。 | 35.合寫的故事<br><br>目標：兩人合作，用同一個書寫工具寫一個句子或簡短的故事。<br>·把學生配對，並給每對學生發一張白紙，要想辦法進行多樣化的配對（不要總是"你旁邊的人"）<br>·你們將一起寫一個故事（句子），但是你們不能談論你們將要寫什麼。<br>·我將會給你們一個主題，A 同學將會寫到腦子裡想到的東西。<br>·當我給出提示的時候，B 同學接過書寫工具並從 A 寫下的部分繼續寫。B 同學並不完全知道 A 同學在想什麼，但是 B 同學瞭解這個主題，並且必須堅持這個主題。<br>·記住，不許交談。你必須猜測你的同伴可能會繼續寫什麼。<br>·當你認為一個想法結束的時候，在後面打上一個句號，並且繼續寫下去直到我提示你們停下。<br>·大約 10 秒鐘提醒一次。這要根據學生的年齡進行調整。<br>·當我告訴你們停止的時候，你們將一起讀出你們所寫的內容，看看它是否有意義——並且做好分享的準備。<br><br>報告：鼓勵小組與小組之間，或者在全班分享大家所寫的句子/故事，就大家在弄清每一個夥伴在想什麼時所遇到的困難展開討論。討論在日常生活中為什麼會這樣，以及何時何地會發生這樣的情況。<br><br>話題示例<br>·經常抱怨的問題。<br>·家庭作業。<br>·兄弟姐妹。<br>·朋友。<br>·夢想，恐懼，擔憂。<br>·經歷過的最大的冒險。<br>·當我長大了……<br>·最喜愛的食物。 |

| 鉛筆和紙<br>適合科目:語言藝術；<br>衛生與健康<br>兩人一組<br><br>道具:每對同伴一張紙和一個書寫工具。 | **36. 泰迪熊還是老虎**<br>目標:檢查個人行為並與夥伴分享。<br>・我們每個人都具有兩面性:有時候我們是泰迪熊,有時候我們是老虎。例如,當我面對陌生人群的時候我就是泰迪,因為我有一點兒害羞。當我為我的學生出頭的時候我就是一隻老虎。<br>・請在紙的這一面寫下"泰迪熊",在另一面寫下"老虎"。<br>・當我提示你們開始的時候,你將有一分鐘的時間來思考一個例子,思考一下如何、為什麼以及什麼時候你會陷入這兩種情況。<br>・提示學生開始,並注意觀察。如果學生比較慢就給他們多一點點時間。<br>・現在請轉向你的同伴,並分享一下你都寫了什麼。<br><br>報告:邀請任何感覺比較良好的學生在班上與同學們做這樣的分享,為進行進一步的討論和寫作任務保留這些紙。 |
|---|---|
| 鉛筆和紙<br>適合科目:自然科學<br>兩人一組<br><br>道具:每對同伴一張紙和一個書寫工具。<br><br>注:<br>1.有一本叫《放大》的圖畫書可以作為這類思考的好資源,作者是伊斯特萬尼巴亞伊。2.在這個活動中,允許學生們小聲地交流。 | **37. 放大顯示**<br>目標:由一個微小的細節開始創作一幅畫或者插圖,並繼續將畫向外延伸。<br>・你們的任務是從一個原本很小的東西開始創作,並逐漸將其變大。例如,首先看看你的指甲,然後逐漸擴展到你的整個身體。<br>・在這個活動中,在你和你的同伴弄明白你們將要畫什麼之前,你們可以進行小聲地交談。你們可能需要花幾分鐘來處理這個問題。<br>・在此期間,不斷地向畫中增加內容。也許最終它會是一幅抽象畫或者是一張設計圖,都是可以的。<br>・A同學,請在頁面的中心畫一個點。<br>・B同學,在不討論的情況下,向這個點加入一些東西,並讓它保持在比較小的狀態。<br>・每次我提示你們的時候,你們將把手中的紙傳遞給同伴,並輪流往紙上加入東西,從紙的中心向外延伸。<br>・每10秒鐘左右提醒一次,如果學生卡住了,適當給些建議,比如,也許它可以是眼睛、是某物上的斑點、是一個按鈕,或者是一個疙瘩。一旦學生得到啟發,任務才能真正有飛躍性進展。<br><br>報告:就學生們如何能創建一個具有實際意義的東西展開討論,並請他們為自己的插圖命名。<br>拓展報告:討論在自然科學中我們在哪些地方會嘗試如此近距離地觀察事物或者進行與此相關的活動,討論/寫下自己的想法。<br>展示:鼓勵學生們分享這些已經完成的、做好標記的插圖,甚至可以將它們貼起來供大家欣賞。 |

| | |
|---|---|
| 鉛筆和紙<br>適合科目 語言藝術；<br>衛生與健康<br>單人<br><br>道具：書寫工具和紙。 | **38. 我的優缺點**<br>目標：列出一些個人積極的方面和不那麼積極的方面。<br>·關於我們自己，我們都有一些自己喜歡或者不喜歡的品質。例如，我喜歡我……，我不喜歡我……和大家分享你的品質。<br>·從上到下在你的頁面中間畫一條線。在其中一側放一個"加"號（+），另一側上放一個"減"號（-）。<br>·當我提示你們開始的時候，寫下關於你們自己的事情，你認為是好的方面就放在+那邊，把你認為不好的事放在-那邊。請把它們放在正確的符號下。<br>·除了你自己之外沒有人會閱讀它們。<br>·給出開始的提示。三分鐘之後給出停止的提示。讓學生們將紙翻過來頁面朝下。對於這項任務來說，隱私是很重要的。<br>·這個三分鐘激勵法可以以列表的方式結束，畢竟寫出它們能夠起到宣泄作用和減輕壓力，或者你可以讓學生們保留這個列表為之後的寫作任務做準備。<br><br>報告：討論這項任務可能存在的困難。<br>拓展報告：基於這個列表安排一個寫作任務。 |
| 鉛筆和紙<br>適合科目：語言藝術；作為任何主題的資源<br>兩人一組<br><br>道具：編輯主題單字列表。例如，與當前科學研究的相關的詞彙。 | **39. 混合拼字**<br>目標：創建一個與某個主題相關的填字遊戲。<br>·給每對學生一張網格紙，如方格紙；方格的大小應該根據你的學生的年齡/能力來確定。<br>·這項活動需要你們創造性的詞彙，並將它們放入縱橫字謎之中——就像玩一個拼字遊戲。你可以直接使用紙上已有的方格，或者根據需要，自己畫一個格子。<br>·我會給你們一系列單字來使用。你和你的同伴可以從中選一個開始遊戲，然後盡你們所能去填寫更多的其他的詞。<br>·大家可以使用三個自由詞匯，它們可以是填在任何地方的任何詞彙，這樣讓你們更容易填入更多的主題詞匯。記住，你們只有三個自由詞匯。<br>·你們只有兩分鐘的時間(不能更多，視你們的目標而定)，看哪一組填詞填得最多。<br><br>報告：檢查看看學生正確使用了多少單字，選出優勝者。如果打成平手，使用自由詞匯最少的那組獲勝。<br>拓展報告：讓學生為他們的填字遊戲的風格取個名字或下個定義，從而把大家所創建的字母拼圖繼續用起來。例如，規定一串橫向或縱向的詞匯。他們可以和其他組的同學相互交換來完成這個填字遊戲。 |

| | |
|---|---|
| 鉛筆和紙<br>適合科目:衛生與健康;語言藝術;社會課程(關於擁有與失去的主題)<br>單人<br><br>道具:眼罩,每個學生一張紙和一個書寫工具。<br><br><br>注:1.可以將床單撕成細條做成簡單的眼罩。一旦你用眼罩作為課程預設,你會驚奇地發現它們是多麼的有用。2.除了利用眼罩,你可以讓學生們閉上眼睛,但是你能相信你的學生們不偷看嗎? | **40.盲人畫畫**<br>目標:嘗試不用眼睛進行繪畫或書寫。<br>·你將單獨地完成這個遊戲。事實上,當你戴上眼罩之後,你會比平時更孤獨。<br>·你的任務是在不看紙的情況下寫東西或者繪畫,請按照我的提示開始和停止。<br>·在你戴上眼罩(或閉上眼睛)之前,感受一下紙的邊緣,以此作為開始。<br>·準備好——戴上眼罩。不要偷看:如果你們遵守規則那麼這個遊戲將會更加有趣。你們將絕對安全地坐在你們的課桌旁。<br>·我將告訴你們寫什麼或者畫什麼。<br>·準備好了嗎?開始。繼續寫或者畫,直到我提示你們停止。<br>·大約兩分鐘以後,發出停止的提示。<br>·取下眼罩並看你們的作品。它們怎麼樣?你可以與你的鄰桌分享一下。為什麼這個活動很困難?<br><br>報告:你可以把這個活動與如下課堂內容相關聯起來,如:關於差異性,殘障人士,或者如何看待社會中(甚至全世界)一些人擁有得比別人少,等等。 |

| | |
|---|---|
| 鉛筆和紙<br>適合科目:任意課程<br>兩人一組<br><br>道具:每對同伴一張紙和一個書寫工具。<br><br>注:如果有一個雪花玻璃球作為視覺提示可以大大增加這個活動的效果。 | 41. 雪花玻璃球畫<br>目標:將隨機的一些點連起來,組成一幅有意義的圖畫。<br>・將學生配對,並決定誰是 A,誰是 B。<br>・B同學,想像一下雪花玻璃球。假設你在玻璃球中,在紙上畫上許多小圓點,如同雪花飄落下來一樣。但是記住,讓它們像雪花一樣散落開來,而不是滿紙的雨點。<br>・我將對你們玻璃球裡的雪花數量進行限制。從20到40中選一個數字告訴他們。越小的學生用越少的雪花:點越多,任務就越困難。<br>・OK,現在開始。同學 B,在你的紙上任何你想畫點的地方畫點。<br>・現在輪到A同學了,A同學,你必須找到一個方法將這些點連起來組成一幅畫。你必須使用紙上所有的點。你的畫最後有可能是抽象的。你將有一分鐘的時間來完成作品。<br>・讓學生們交換角色,這樣他們都有機會嘗試這個創造性活動的所有環節。學生們比成年人更有能力將這些隨意的點連接起來,也許你會為最後的結果感到驚奇。<br><br>報告:你們可以花一點兒時間和其他同學討論一下你們的圖畫。鼓勵學生們進行小聲地交談,不超過 30 秒。<br>拓展報告:這個可以引出語言藝術課程中與雪有關的寫作任務,比如,一個與暴風雪有關的故事,一次關於暴風雪的生動的描述,關於雪災安全的文章。|

| 鉛筆和紙<br>適合科目:語言藝術;數學;自然科學<br>兩人一組<br><br>道具:每對同伴一張紙和一個書寫工具。<br>注:1.由於大多數孩子都是右撇子,而且畫出鏡像比創建插圖更困難,允許畫鏡像的同學使用頁面的右側。經過最初的複製,兩人交替來添加小細節就不那麼困難了。2.另一個更困難之處在於讓學生用左手在左側的紙上繪畫。 | **42.鏡像**<br>目標:創建一個對稱的插圖或圖案。<br>·每個人都照過鏡子。當你照鏡子的時候,事實上鏡子中的像與現實中的你是相反的。每對同伴中,你們中的一個人將會成為鏡子。<br>·首先把紙縱向折出一個折痕,然後打開放平。<br>·決定誰是A,誰是B。A同學,你將在折痕的左邊工作,B同學將在折痕的右邊。<br>·A同學,先畫一個簡單的事物——比如一個蘋果或者一朵花。(對於有的同學來說可能從一條直線、一條曲線開始更容易一些,然後再畫事物)。<br>·B同學,嘗試著複製一個對稱的鏡像,就像在鏡子裡看到的圖片那樣。<br>·B同學,往圖像上添加一些東西讓A同學在左邊複製。<br>·繼續用這樣的方式進行,直到我提示你們停止。<br><br>報告:仔細看看你們的紙,一邊與另一邊完全對稱嗎?你們怎麼來檢驗呢?(沿著之前的折痕折疊,然後對著光看看,畫的這些線條是否能夠重合)<br>拓展報告:你可能希望就這個任務進行相關問題的討論,如在現實生活或自然界中有哪些對稱物存在。 |
|---|---|
| 鉛筆和紙<br>適合科目:語言藝術;數學;自然科學<br>兩人一組<br><br><br><br>道具:每對同伴一張紙和一個書寫工具。 | **43.空中書寫**<br>目標:在紙上寫一個句子或一系列的單字,在看過它之後再寫在空中。<br>·先確定誰是A,誰是B。<br>·A同學,請背對你的同伴。在你面前的空中寫下一個簡單的句子,一次只寫一個單字,留足時間讓你的同伴將句子寫在紙上。<br>·如果你的學生有能力,盡量鼓勵他們連貫書寫。當然,教師亦可對句子中的單字數量和書寫形式給出建議。<br>·記住,你們是一個團隊,別讓你們的同伴感到迷惑。你應該讓他能夠將你的資訊正確地複製下來。<br>·在60到90秒之後,讓學生交換角色,這樣每個同伴都有機會複製寫在空中的內容。<br><br>報告:討論這個活動簡單或者困難的地方,或者在現實生活中何時何地會出現這樣的情況。例如,向離你比較遠以至於聽不清你在說什麼的人傳遞資訊。 |

## 第二章　課桌活動

| 鉛筆和紙<br>適合科目：歷史（象形文字）；語言藝術；自然科學；社會課程<br>兩人一組<br><br>道具：每對同伴一張紙和一個書寫工具。 | **44. 線條大挑戰**<br>目標：在 60 秒內畫出盡可能多的不同樣式、不同類型的線條。<br>·你和你的同伴將輪流在這張紙上畫線，只能畫線。<br>·你們的挑戰是思考並畫出許多不同種類的線條，可以是細細的線條、彎彎曲曲的線條、模糊的線條、等等。<br>·你不能重複你的同伴已經畫過的線條，所以每次每個同伴只能畫出看起來不一樣的線條。<br>·這些線條可以相互交錯，或者將它們畫到任何你想畫到的地方。<br>·不要亂塗亂畫，想想怎麼畫不同的線條。<br>·當我提示你們開始的時候就開始，提示你們停止的時候就停止。<br>·在提示學生開始到提示學生停止之間不超過 90 秒。<br><br>報告：讓學生分享他們的作品，並指出他們最喜歡的線條。討論在何時何地會用到或者看到這些各種各樣的線條。 |
| --- | --- |
| 鉛筆和紙<br>適合科目：語言藝術<br>兩人一組<br><br>道具：每對同伴一張紙和一個書寫工具。<br>注：幼兒期初學畫畫的時候就是以簡筆畫的形式，這個活動讓學生們用連續移動的線來作畫，就像他們小時候畫畫那樣。這是既簡單又有益的。 | **45. 塗鴉人**<br>目標：完全用塗鴉的方式畫出人與人之間互動的樣子。<br>·我想向你們展示一下如何用塗鴉畫出一個人。透過反覆使用小圓圈來畫出簡筆畫，並且鉛筆不能離開頁面，以此向學生展示如何塗鴉。<br>·當我提示你們開始的時候，你們中的一人畫出一個正處於某種動態中的人——跳躍、奔跑、等等。<br>·當我再次提示的時候，第二個同學拿起鉛筆再畫一個人物，並且這個人物和之前畫的人物以某種方式進行互動。<br>·你們之間不允許進行討論，各自獨立地創造自己的塗鴉人物。<br>·每一個同學有60秒的時間進行塗鴉，完成以後，讓他們放下鉛筆並給 60 秒的時間讓他們與同伴討論他們所畫的人物可能正在做什麼。<br><br>報告：你可能希望學生們分享他們的作品，為他們所塗鴉的人命名，甚至在語言藝術課的任務中寫到它們。 |

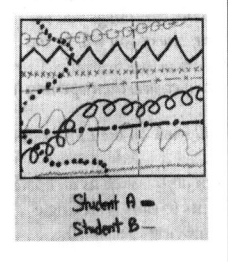

| | |
|---|---|
| 鉛筆和紙<br>適合科目:藝術;語言藝術<br>兩人一組<br><br>道具:每個同學一張紙和幾種不同的書寫工具。<br><br>注:<br>1.沒有必要知道實際的符號語言;學生們善於創造易於理解的手勢和面部表情。2.在提示中增加數字和細節會使它們更加困難。 | **46.給我畫一張圖**<br>目標:透過解讀非口頭語言來畫一幅畫。<br>·你必須用除了語言以外的方式與你的同伴交流，你可以使用手勢、面部表情、肢體運動等，總之，發揮你們的創造性。<br>·先決定好誰是A，誰是B。<br>－A同學將會給出一些非語言的指示，B同學，你將要嘗試去畫出A想讓你畫出的東西。<br>·美術家亨利馬蒂斯曾說過"創造需要勇氣"，我希望你們在嘗試這個任務的時候拿出你們的勇氣，換句話說，不要膽怯，只管畫吧。<br>·我將告訴所有A同學這個圖像是什麼樣子。為了簡單起見和節省思考時間，教師可以告訴每一個A同學這個圖像是什麼。<br>·每一個B同學，當我向你們的同伴展示圖像的時候，請你們低下頭並閉上你們的眼睛。快速向所有A同學展示單字內容，並提示開始。<br>·如果學生遇到困難，可以透過提出一些想法來幫助他們，比如，手指在空中畫畫，敲擊身體的部位來指示數字，或者點頭/搖頭來指示正確/錯誤的回答。提醒他們這僅僅是為了好玩兒。<br>·大約兩分鐘過後，提示他們停止。這個活動困難嗎？為什麼說它難或者說它不難？<br><br>報告:討論下在完成圖畫的過程中表現得最好和最差的小組，以及如何改進他們的作品。大家可以一起嘲笑最滑稽的作品。<br>拓展報告:討論那些聽不見或者不能說話的人所遇到的挑戰或困難。這個活動在語言藝術課、健康課、社會課等課程任務中還有拓展的空間。或者在網上搜索並學習如何運用真正的手語來表達一些短語，如"謝謝你"或"我愛你"。<br><br>樣例:<br>·一朵花　　　　　　　　　·一座房子<br>·一件夾克(有一個拉鍊，　·滿天星斗的夜空<br>　5顆紐扣)　　　　　　　·一棵結了7個蘋果的蘋果樹<br>·一輛汽車　　　　　　　　·一輛可以看見6扇窗的公共汽車 |

| | |
|---|---|
| 鉛筆和紙<br>適合科目:衛生與健康;語言藝術;社會課程<br>單人<br><br>道具:每個學生一張網格紙和一個書寫工具。<br><br>注:研究表明感恩有助於改善情緒,降低焦慮,具有鎮定安撫的作用,並且與身體健康緊密相關——這些都是這個激勵活動的益處所在。 | **47. 快樂感恩**<br>目標:快速記下你所感激的人、情境或物品。<br>·我們都有我們所感謝的——快樂感恩的對象。盡管你認為自己諸事不順,但是在你生命中總有一些人或者一些事會讓你懷著快樂的心情去感激他們。<br>·在接下來的兩分鐘裡,快速記下你腦海中所要感恩的對象。你可能只想起一件事、一個場景、一個人或者一隻寵物,沒有關係,都記下來。<br>·當我提示你們開始的時候,開啟你們感恩的模式並且讓自己沉浸其中。<br>·你們必須快速進行,因此不要嘗試去挑選最好的或者最完美的感恩物件,只管在兩分鐘內記下盡可能多的東西。<br>·給出開始提示。如果你注意到有人沒有動筆寫,走到他身邊並給點建議,例如,你的媽媽?你的爸爸?你的朋友?你強壯的身體?你那有著溫暖的床的家?<br>·示意停止,然後邀請學生來分享他們所要感恩的事物。<br><br>報告:邀請學生分享他們活動之後的感想。<br><br>拓展報告:一項極好的後續活動是在網上搜索關於感恩的名言。讓學生們挑選出他們最喜愛的10條名言,並就其中一條語錄深入地寫下去。 |

# 第三章　嗨起來

這一章的三分鐘激勵活動旨在讓學生們動起來。"活躍起來"這一組中的活動均由學生個人在課桌邊安靜地完成，不如"參與其中""聲音與運動"這兩組中的活動那麼活躍。"參與其中"這一組中的活動也要求學生們安靜地進行，但通常需要學生與他人進行互動，並且傾向於做出一些更大幅度的、更生動的動作。"聲音與運動"這一節中的活動則有效地將聲音、文字以及一些大幅度的動作結合起來。

由于開展這些活動時，所有人都有目共睹，因而比前面章節的活動更加有趣。奇妙之處在于，讓學生透過優雅規範的引導動作來減少過度活躍的活動。

## 活躍起來

這一節的三分鐘激勵活動為學生提供了一個發洩多餘精力的方法，以此讓那些感到無聊或困乏的同學振奮起來。大多數情況下，學生們仍然是坐著參與由教師引導的、基於運動的創造性活動。他們將參加各種各樣挑戰他們的創造性和集中力的低風險活動。這些活動包括了認知、想像、短時記憶、精細運動技能，以及認真觀察和聽從老師指導、瞭解非語言交流等諸多方面的內容。

1. 這些三分鐘激勵法中的大多數都是單人活動，由學生們獨立地完成，然而，也有一些活動以兩人一組的形式開展，以及在某些情況下，由單人參與的全班活動（例如，雷雨，68頁）。

2. "活躍起來"這組中的激勵活動很大程度上要求學生們保持安靜，教師們一定要強調和保證這一點。學生們要進行交流也是可以的，但只能是非語言交流。

在活動開始之前一定要給學生強調它是一個無聲的活動。偶爾出現一些聲音也是可以的，但是這一節中所有的激勵活動在沒有聲音的情況下完全可以有效進行。

  3. 如果老師們想讓學生以最少的互動交流但活躍地參與課堂，那他們可能會選擇"活躍起來"這組中的激勵活動。儘管如此，在任何活動之後，仍可以容易地開展全班討論。

  4. 大多數情況下，"活躍起來"這組活動不需要道具。如果需要道具，也是很簡單易得的，例如一枚硬幣或一張紙。

| | |
|---|---|
| 活躍起來<br>適合科目：任意科目，尤其是需要精細運動控制的任務。<br>單人<br><br>註：這是一套不錯的手部練習操，將它放在長時間的寫作練習之前應該會有一定作用。 | **48. 打開—閉合—擺手**<br>目標：模仿難度逐漸增加的手部運動。<br>·在你課桌旁坐直身體，雙腳放在地板上，眼睛看著我。<br>·我將給你們示範一些手勢。要麼是打開的手勢（C），要麼是閉合的手勢（O）或者擺一擺手。向學生示範一次打開/閉合的手勢，以及擺兩下放鬆狀態下的手。<br>·你們的任務正是重複我剛才所做的。<br>—以簡單點兒的開始：三次擺手，三次開/閉。然後增加難度：例如，一次開/閉，兩次擺手，四次開/閉，一次擺手，等等。將難度逐漸增加使學生保持警覺的狀態。<br>·為增加活動的趣味性，可以邀請學生輪流來當引導者。<br><br>展示：請學生們自己花時間去準備，向大家展示一套"打開—閉合—擺手"的程式，或許可以伴隨著音樂來做。 |

| | |
|---|---|
| 活躍起來<br>適合科目:語言藝術;<br>社會課程<br>單人 | **49. 木偶大師**<br>目標:體驗被牽木偶的線控制的感覺。<br>·安靜地坐在課桌旁,雙腳放在地板上,雙臂搭在課桌上,並將頭趴在桌上。<br>·請閉上你們的雙眼。<br>·你們將成為提線木偶,繩上的木偶。<br>·我是操縱木偶的人。當我告訴你們我要拉某根特定的線時,你們只能移動身體的那一部分。<br>·完全地放鬆,你現在是一個沒有骨頭的木偶,深深地呼吸。<br>·我現在輕輕地提起你的右臂......然後放下來。<br>·提起你們的左臂。照此方式繼續下去,直到讓學生們全身各個部位都舒緩的提升起來或移動過。一定要提起一些不尋常的部位,比如肘部、手腕、左耳等等。<br>·現在我將立刻拉起幾根木偶拉線,你們先坐直,仔細一點兒,現在我還沒有提起你們的腦袋。<br>·現在是你們的腦袋(被提起來)。<br>·根據需要繼續下去,或者直到學生感到厭煩即可停止。<br>·感受你那奇異的身體,它只是被幾根線牽引著。<br>·現在我在非常輕地擺動這些線,你們保持坐著的姿勢,但是你們的身體要輕微的擺動——全身上下都是如此。<br>·現在我將剪掉所有的線,當我說"現在減掉了!"的時候,你們將慢慢地落下並回到你們的座位上。<br><br>報告:告訴你的鄰座被木偶操縱師控制著移動是一種什麼樣的感覺。<br><br>展示:為整個木偶群精心設計一套舞蹈動作,並伴隨著音樂舞動。在音樂會或家長會上進行表演。 |

# 第三章 嗨起來

| | |
|---|---|
| 活躍起來<br>適合科目:自然科學;<br>社會課程<br>單人<br><br><br>注:提醒學生整個過程要保持安靜,並將注意力集中在他們自己的活動上。 | **50.吹玻璃**<br>目標:在想像中把玻璃吹成美麗的作品。<br>·安靜地坐好,雙腳放在地上,手放在課桌上。<br>·你將成為一個吹玻璃的工人,想像一下在你的課桌上有一塊軟玻璃。<br>·把它撿起來,感受它,它就像塊濕軟的黏土。<br>·現在將你的手握成一個像管子形狀的溫和的拳頭,將它放到嘴邊吹氣,仿佛你真的是從管子裡向外吹氣。向學生演示一下:先將一個拳頭的拇指對著嘴,然後把另一個拳頭的拇指部分接在後邊,以此形成一個空心管。<br>·你的玻璃塊連接在你的空心管末端。輕輕地向你的手吹氣,玻璃開始慢慢地成形;一定要柔和地吹氣。如果吹得太用力,玻璃就壞掉了。<br>·請專注於你正在制作的玻璃作品,你要做一個花瓶?一個玻璃質的動物?一個美麗的裝飾品?一個水晶球?你在吹玻璃的時候要看著它——緩慢地,仔細地來。<br>·繼續這樣提示他們30到60秒。<br>·現在你的玻璃作品已經完成了。非常小心地鬆開你的雙手將空心管放下來,並且輕輕地從管子末端將你的成品移下來。要非常小心,因為它溫暖且非常易碎。<br>·把它放在你的課桌上,看著它,漂亮嗎?看看所有的細微之處,並記住它看起來像什麼。<br>·是你的冷靜與柔和的心態造就了它。<br><br>展示:學生們快速地輪流來展示他們所創造的物品。 |

| 活躍起來<br>適合科目:衛生與健康;體育<br>單人 | **51. 生活的節奏**<br>目標:將節拍的速度與不同的生活中的情緒聯繫起來。<br>·在你的座位上坐直,雙腳放在地板上,眼睛看著我。<br>·我們將用手指輕輕地敲擊我們的課桌(或者拍手),慢慢地快起來,或者非常快,取決於我給你們的提示。先給學生展示慢的節拍,然後演示非常快的敲擊。<br>·一些情緒或者情感讓我感到慢下來——比如恐懼。它應該拍得慢一點,老師示範,讓學生跟著模仿。<br>·但興奮的情緒將對應很快的節拍。老師示範,讓學生跟著模仿。<br>·有的感覺對應非常輕柔的節拍,有的則對應猛烈的節拍,這根據你的選擇來決定。如果我感到焦慮的話,我會選擇輕柔緩慢的節拍。<br>·現在我要說出某種情緒,你們就拍打出你們認為最能描述這種情緒的節拍。這不是比賽——每個同學都可能會敲打出不同的節奏,但都沒問題。你只需要敲出自己的節奏並保持你所選擇的速度,直到我說出另一種不同的情緒。<br><br>報告:這可能會是一個不錯的主意,簡要地討論大家敲擊的節奏與心率的關係。這可以引入一個如何透過管理好情緒來保護心臟的課程。 |
|---|---|
| 活躍起來<br>適合科目:自然科學<br>個人參與的全班活動 | **52. 雷雨**<br>目標:使用手和腳來模仿雷雨的聲音。<br>·在你的課桌旁坐直,雙腳放在地板上,眼睛看著我。<br>·我們將在班級裡模仿一場雷雨,但是我們在經歷這場暴雨的時候仍然要保持平靜。<br>·透過摩擦你們的手掌開始,並持續約 10 秒,於是風就產生了。<br>·現在換為打響指,並持續大約 10 秒,這就是我們創造的雨。<br>·現在開始拍手掌——雨越下越大了。保持緩慢地呼吸,保持平靜安詳,儘管暴風雨來臨。<br>·繼續拍掌並且加入腳踏地板的聲音——越來越大的雨並且伴隨著隆隆的雷聲。越來越大!越來越大!但是請你們保持平靜。<br>·持續不超過 20 秒,然後把剛才的步驟倒過來。<br>·雷聲停止了!<br>·雨正在減弱。溫和的小雨,響指也變得更加緩慢和輕柔。<br>·大風變成了微風。整個過程由快速摩擦手掌到慢慢地摩擦,直到最後停止。<br>·傾聽暴風雨之後的沉寂。給學生大約 30 秒時間來聆聽這沉寂。<br><br>報告:對你來說這個聲音像是暴風雨的聲音嗎?為什麼像或為什麼不像?詢問為什麼暴風雨讓學生變得激動,害怕,焦慮,等等。討論在雷雨中保持平靜的方法;根據你的學生的年齡,可以確定討論真實的雷雨或是象徵意義中的雷雨風暴。 |

# 第三章　嗨起來

| 活躍起來<br>適合科目:衛生與健康;語言藝術<br>單人<br><br>道具:每個學生一個氣球和一隻馬克筆。<br><br>注:這個激勵活動具有情緒宣泄的作用;那些寫著字或者畫著圖案的氣球的爆破聲會刺激腎上腺素的分泌,從而釋放壓力。 | **53. 吹氣球**<br>目標:將氣球吹起來,在上面寫上東西,最後將它弄破。<br>·當我給出開始提示的時候,把氣球吹起來並把它捆起來。在給出更多指示之前先做好這一步,檢查學生們是否將他們的氣球都捆綁好了。<br>-現在用你們的馬克筆在氣球上寫下或畫出一些東西,它們表明____。你們可以選擇寫一些單字或者畫上簡單的圖畫。<br>·給學生30秒的時間去寫去畫。這是一個快速的、自發的活動。<br>·現在真正的樂趣開始了。當我給出提示的時候,你們要盡可能快地打破你們的氣球,使用任何你們擁有的工具來弄破它:剪刀、一個紙夾子、一支鉛筆……任何東西都可以。<br>·在我給出提示之前,想一想你們寫上的文字或畫在氣球上的東西。你們要意識到,當你們弄破氣球的時候,你們就把那種情緒或者想法拋諸腦後了。伴隨著"嘣"的一聲爆炸聲,你就釋放了你自己。還有一個很重要的事實要給學生們分享,那就是要鼓勵他們將氣球破裂與驅散不良情緒聯繫起來。但提醒他們,儘管消極的思想已經被消滅,但是很有可能消極的情況依然存在。<br>·提示學生弄破氣球。<br><br>報告:學生們討論一下弄破負載了他們的消極思想和負面情緒的氣球的感受。<br>氣球上的單字或圖畫樣例<br>·在課堂上、在同學/同伴/老師那裡遭遇的挫折。<br>·面對一個讓你難過/生氣/惱火的人。<br>·一些讓你感到害怕/困惑/惱怒的事情。<br>·一條令你苦惱的規則。 |
|---|---|
| 活躍起來<br>適合科目:任意科目<br>個人參與的全班活動<br><br>注:1.因為這個活動需要學生們移動一些位置,確保學生在課桌旁邊有足夠的空間,或者在教室裡開闊一些的地方進行。<br>2.學生們會很喜歡這個活動。正好可以給堅持到最後的那位同學一個小獎勵(參看19頁)。 | **54. 不準動!**<br>目標:模仿一些動作並根據提示立刻停下來。<br>·這個活動的樂趣在於你可以隨意移動然後又立即停止。<br>·我將帶頭引領你們開始。你們將站著並模仿我所做的一切,准確的模仿我在那時所做的動作。<br>·當我提示你們停止的時候,無論你們處於什麼樣的姿勢都必須馬上停止。你們停下時的姿勢必須與我停下時的姿勢一樣,否則你們將出局,然後坐下。<br>·這是一個具有淘汰性質的遊戲,一旦你出局了,你就成為裁判。在給出停止提示的時候,請注意觀察那些仍然站著的同學停止時的動作是否跟帶頭的人動作一樣。<br>·練習一次。做一些動作,比如揮舞手臂、抬起膝蓋等等。在學生可能沒有跟上你的節奏的那個節點上凍結一次。<br>·現在邀請學生來帶頭做動作。他們會以極具想像力的方式來做動作。當你看準時機,可以隨時喊他們停止。 |

| 活躍起來<br>適合科目:任意詞匯課程<br>個人參與的全班活動<br><br>道具:單字表<br>準備:編輯一系列可以激發學生情緒的單字。<br><br>注:這種快速思維、快速反應的活動有一定的刺激作用,並且同時能夠消耗多餘的精力。 | **55.冷—熱—無**<br>目標:快速做出決定,是否一些事情是冷的、熱的,或者兩者都不是,並且做出適當的動作。<br>·這是一個需要快速思考的遊戲。<br>·給學生示範一下這些動作:用拇指向上來表示"熱",拇指向下來表示"冷",不伸拇指(只是拳頭)來表示"無"。這表明它可能"要麼是""兩者都不是"或者"兩者都是"。無論你們使用什麼手勢,請將手高高地舉在空中。<br>·讓全班練習一次這三個動作。如果我說出一些東西,比如"冰",它是冷的,那麼手指向下。如果我說出一些如" 火"之類的東西,則手指向上。如果我說出像"咖啡"之類的東西,咖啡可以是冷的,也可以是熱的,你們就不用伸手指,只伸出拳頭即可。<br>·你們思想必須高度集中,並快速思考。<br>·提醒學生們並不是所有的回答都是相同的,不用介意。例如, "歌劇"這個單字,如果一個老師喜歡歌劇,她的第一反應是 "熱",如果學生們不喜歡歌劇,那麼他們的反應可能是"冷"。<br>·對於年齡較小的學生,使用具體的詞彙。年齡較大的孩子,則使用抽象的詞彙來增加難度。跟他們解釋他們的反應取決於他們對事物或環境的感覺。<br>具體詞彙樣例:<br>·冬天、秋天、春天、夏天、太陽、月亮。<br>·尼亞加拉大瀑布、太平洋、北冰洋。<br>·桑拿、淋浴、游泳池、浴缸。<br>·食品,例如,霜淇淋、義大利麵條、湯、熱巧克力。<br>·篝火、蠟燭的火焰、烤箱、冰箱。<br>·蒸氣、煙霧、龍捲風、颶風。<br>抽象詞彙樣例:<br>·家庭作業、家務、零活兒。<br>·任何學校的科目。<br>·朋友、敵人、家庭、親戚、老師、教練。<br>·各種各樣的音樂,例如,說唱、嘻哈樂、古典音樂、鄉村音樂、搖滾、流行音樂。<br>·當前流行的電視節目或電影。<br>·當前的流行的電視或電影明星、運動員、名人。<br>·服裝時尚潮流或品牌,例如,愛迪達、耐克。<br>·受歡迎的速食,例如,漢堡包、炸玉米餅、奶昔。<br>·熟悉的活動,例如,去看電影、去滑冰、在電話裡交談。<br>·流行的電子產品,例如,MP3 播放機、智慧手機、平板電腦。<br>·髮型,例如,馬尾辮、短髮、顏色鮮豔的頭髮、馬希坎式髮型、拉斯塔法里式髮綹、光頭。 |
|---|---|

| | |
|---|---|
| 活躍起來<br>適合科目：美術；自然科學<br>單人 | **56. 黏住了！**<br>目標：體驗被黏在課桌上的感覺。<br>·舒服地坐著你的座位上，雙腳放在地板上。<br>·將你的手臂伸到桌子上，並將你的腦袋貼在桌子上。盡可能讓你自己感到舒適，盡可能讓你的身體觸碰到桌面。<br>·請仔細聽著，當我提示你們開始的時候，你們突然就完全地被黏在課桌上了，你們的雙腳被黏在地板上。<br>·你們需要聽從我的指示才能擺脫被黏住的困境。提示學生開始。你們現在完全地被黏住了，你們不能抬起身體的任何部位。想要抬起你們的頭？不可能！嘗試抬起手臂？——不行，立即黏住！<br>·在接下來的幾秒鐘，你會嘗試抬起你身體的某些部位，但都失敗了，因為你已經被緊緊黏住了。<br>·等待大約15秒。如果有學生成功地"抬起"了身體的某個部位，提醒他們所有的人都被黏得緊緊地以至於不能動彈。<br>·感受你的頭被黏在桌上的這種沉重感。感受你手臂的重量……雙手……雙腿，或許你可以移動你的膝蓋，但是你的雙腳一點兒都不能移動。<br>·以這種方式繼續下去，持續兩分鐘。<br>·膠水的作用開始減弱，你可以舉起一隻手了……一條手臂……<br>·繼續給出"不再黏著"的提示，直到所有學生都坐直。<br>·最後一樣被黏著的東西是——你們的背部。你們堅持坐在你們的位置上並保持那樣的姿勢直到課程結束。回到激勵活動之前所上的課程之中。<br><br>報告：詢問多少學生真正有被黏住的感覺。你或許希望就此討論一些可能的原因。根據學生的年齡，可以引導學生討論"黏住"的比喻意義，在一些具體情況下，如生活模式，等等。 |

| 活躍起來 | 57. 臨時凍結 |
|---|---|
| 適合科目：作為任何陳述報告的資源<br>單人<br><br>道具：任意學科領域的真/假判斷句。<br><br>準備：你可以現場編寫一些陳述句或者從你之前已經準備好的陳述句庫裡挑選。<br><br>注：1.這個活動很適合用來進行學科複習。2.另一個使用"臨時凍結"的方法是加入押韻的(移動)和不押韻的(凍結)單字。 | 目標：學生們判斷老師講話的真假，來選擇站立(真)或坐下(假)，如果其中一條陳述是錯誤的，學生則凍結住。<br>·坐在你們椅子的邊緣，這樣你們就可以很容易地迅速站起來，並且不會碰到其他人。<br>·每一次當我陳述的時候，你們可以從這三件事中選擇一件：站起來、坐下、或者凍結住。<br>·如果我說的是真的，例如我說"我是你們的老師"這句話，你現在是坐著的，但是你必須快速站起來。你們判斷為真實的句子，要求大家必須移動、改變位置。<br>·如果接下來我說出一些虛假的內容，比如"我是一隻貓"，你們必須凍結。換句話說，站著，一點都不許動。判斷為虛假的陳述要求你們凍結住。<br>·然後，如果我說"你們是學生"，這是真的，你們又可以移動並坐回座位，因為你們剛才已經站起來了。<br>·所以每次我說一些真實內容的時候你們就移動，如果我說出不真實的內容，你們就凍結在你們所處的地方。<br>·如果你感到措手不及，不確定一個陳述是真的還是假的，你可以一半時間凍結，另一半時間坐下。<br>·一開始先慢慢地給出句子，然後逐漸增加速度，這樣學生才能真的動起來。<br>·這個活動聽起來容易，但做起來難。但孩子們喜歡這個活動，教師們能夠借此機會複習一些基本學科的概念。<br><br>拓展報告：學生對於含有"可商權"或"有時候"這類陳述內容的反應，能夠讓他們進行有效的討論或者開展寫作任務。<br>真/假陳述句樣例<br>男孩通常比女孩高。　　　奶牛喝牛奶。<br>加熱時，冰會融化。　　　咖啡總是熱的。<br>天空是橙色的。　　　　　鉛筆是木頭做的。<br>鳥兒會飛翔。　　　　　　教師總是女性。<br>狗會喵喵叫。　　　　　　體育館是用來聚會的。<br>巧克力永遠是棕色的。　　墨水是藍色的。<br>藍莓是紫色的。　　　　　手機會傷害你的眼睛。<br>蘋果醬是梨子做成的。　　視頻遊戲對你總是有益的。<br>橡皮可以擦去油墨。 |

| | |
|---|---|
| 活躍起來<br>適合科目：數學；體育；自然科學<br>單人 | 58. 平衡動作<br>目標：以各種各樣的姿勢保持平衡。<br>·這個遊戲需要你們安靜地站在你們的課桌旁。<br>·我會讓你們以不同的方式來保持平衡，仔細聽著，一旦你們達到平衡點，請保持好這種平衡。<br>·保持平衡的好建議是看你前方距離大約身高那麼遠的地板上的一個點。專注於那個你想像中的點，它會讓你更容易地保持平衡。<br>·你們將會與你們自己競爭，每次做的時候，嘗試增加保持那個姿勢的時間。<br>·如果你失去了平衡，請深呼吸並重新獲得平衡。<br>-讓學生們保持好每一次平衡動作，開始的時候讓他們保持15秒鐘的時間，最多延長到60秒。<br>·挑戰學生們，讓其嘗試其他的平衡姿勢。<br><br>根據你的常識來判斷這些平衡動作的難度，以下的平衡動作是根據難度列出來的，從最簡單的到最具有挑戰性的排列如下：<br>1. 簡單點的鶴：一隻腳放在另一條腿的膝蓋上，雙臂伸向兩側。<br>2. 複雜些的鶴：一只腳放在另一條腿的膝蓋上，雙手握緊舉在頭頂。<br>3. 簡單點的滑冰者：一條腿向後伸，手臂放在兩則。<br>4. 努力的滑冰者：一條腿向後伸，手臂向前推，雙手緊握。<br>5. 複雜的滑冰者：一條腿向後伸，手臂用力地向兩側貼緊。<br>6. 簡單的椒鹽脆餅：一只腳往後伸，用相反方向的手握住那只腳（即，右手握左腳）另一隻手臂伸直。<br>7. 複雜些的椒鹽脆餅：與簡單的椒鹽脆餅相似，但是另一只手臂不是伸直而是放在背後。<br>8. 簡易的下蹲姿勢：蹲下時一隻腳要向前伸，雙臂展開。<br>9. 複雜的下蹲姿勢：與簡易的下蹲姿勢相似，但要將手臂放在背後。 |

| | |
|---|---|
| 活躍起來<br>適合科目：任意科目<br>單人活動 | **59.當頭一棒**<br>目標：變成一顆釘子或螺絲釘，並體驗被釘入或擰入一塊木頭的感覺。<br>·安靜地站立在你的課桌旁邊。<br>·當我提示你們開始時，你們將變成一顆巨大的釘子(螺絲)。<br>·每次我提示你們的時候(如，我拍打雙掌)，一個巨大的榔頭(螺絲刀)將會敲打在你們頭上(把你們轉動起來)並將你們往地裡陷入一點。<br>·記住你們的腳是最先消失的，然後隨著每一次"嘣"的敲擊聲，又進一步往下陷。<br>·你們將蹲得盡可能貼近地面，並以此結束。大概需要敲擊(擰)10次來完成這個過程。 |
| 活躍起來<br>適合科目：語言藝術；音樂<br>個人參與的全班活動<br><br>注：盡管這個活動涉及學生之間的互相觀察，但它仍然保留了單人的活動性質。 | **60.拍膝蓋**<br>目標：維持手和膝蓋的動作呈一個不斷擴大的狀態。<br>·在這個遊戲中，你們必須轉向椅子的側面坐著。<br>·我們將僅使用雙手和膝蓋來保持拍打的節奏。<br>·我將會提示你們開始。然後我說出一個同學的名字，被點到名字的同學將在原有的基礎上增加一個動作——只管做，不要說出你在做什麼。我們將持續增加下去，直到我們記不清楚為止。<br>·如果我喊到你的名字，而你卻什麼都想不到，那就說："過。"<br>·讓我們以此開始：拍一下手，拍兩下膝蓋。<br>·在喊學生的名字之前重複幾遍這個次序。<br>動作樣例：<br>·將膝蓋碰到一起，兩次或三次。<br>·打響指，然後交替抬起膝蓋。<br>·打開和關閉膝蓋幾次。<br>·在膝蓋上方或膝蓋下邊拍手。<br>·踩腳：往裡踩，往外踩，裡/外，前/後，等等。<br>·拍打對側的膝蓋，例如，右手拍打左膝蓋，左手拍打右膝蓋。<br>·在側面拍手，或向頭上，背後，身體前方拍手。 |

| | |
|---|---|
| 活躍起來<br>適合科目:任意科目<br>單人 | **61. 暴露—隱藏**<br>目標:迅速從雙臂張開的站姿變成蜷縮隱藏的姿勢。<br>1. 首先,我們將站在我們的課桌旁邊,在你們不移動的情況下盡可能占有多的空間。張開你們的雙臂,寬鬆地站立就像你們在擁抱一個巨大的球體。<br>2. 現在,快速地從寬鬆的姿勢——一個擁抱或者歡迎的姿勢——變為盡可能小的姿勢,將身體全都蜷縮起來,就好像你們將要消失在課桌邊一樣。這是你們隱藏的姿勢。<br>3. 現在請正常坐好。<br>4. 我將會說一些話。如果它是你喜歡的或是一些讓你感到舒服的,請立刻使身體寬鬆並擁抱它。如果它是你不喜歡的,它讓你感到糟糕或恐懼,快速地變為隱藏的姿勢並嘗試隱匿自己。此處沒有中間選項,你們必須選擇其中一種姿勢——暴露或隱藏。<br>5. 記住每個人都會有不同的反應。對于任何提議,沒有絕對正確或錯誤的回答。你可能會躲避所有的這一切,抑或者想要張開雙臂擁抱這一切。<br><br>話語樣例:<br>冰凍的天氣　　　霜淇淋聖代<br>溫暖的沙灘　　　甘藍<br>遊樂園　　　　　比薩餅<br>污染　　　　　　跳舞<br>惡臭的垃圾堆　　登山<br>到太空的火箭　　深海潛水<br>男孩們/女孩們　　去看牙醫<br>家庭作業　　　　怪物(恐怖)電影 |

| 活躍起來<br>適合科目：數學（概率）<br>單人<br><br>道具：一枚硬幣、鉛筆和紙。 | **62. 正面還是反面**<br>目標：猜十次是正面還是反面，看看你的運氣如何。<br>·在你的紙上，從上到下垂直寫下數字 1 到 10。<br>·現在選擇 10 次正面（H）或反面（T），在相應的數字旁邊寫下 H 或 T。<br>·我將會投擲硬幣，你們來檢查一些你們的猜測。<br>·如果你們在數字旁邊寫下的是正面，在我投擲硬幣之前請站起來，用這種方式，每次我就可以知道哪些同學猜對了。<br>·在數字 1 前面寫下的是正面的同學請站起來。投擲硬幣；告訴學生們明顯哪一面是正確的猜測，並讓他們在相應的數字旁邊標記正誤。<br>·繼續投擲硬幣，投滿十次為止，然後找出最終的獲勝者。例如，猜對次數最多的人為獲勝者。如果一輪結束之後獲勝者太多，那麼請獲勝者們相互角逐，並邀請不參賽的同學輪流來擲硬幣。<br><br>報告：討論有關概率的問題以及在硬幣降落之時為何難以預測是正面還是反面。<br>拓展報告：討論與這個主題有關的賭博所涉及的困難。 |
|---|---|
| 活躍起來<br>適合科目：語言藝術；自然科學<br>單人 | **63. 冰塊**<br>目標：體驗（在你的腦海中）冰塊從你的背部滑落的感覺。<br>·挺直背，坐在你的課桌旁，雙腳放在地板上，眼睛看著我。<br>·即將有事發生在你身上——但是在你的想像中，在你的腦海中，可能是你們中的一些人已經經歷過的事情。<br>·當我提示你們開始的時候，一塊巨大、寒冷的冰塊將會從你們的背部滑落。你們將不再能一動不動地坐著——你們必須透過扭動身子或想盡一切辦法把它拿出來。<br>·你們始終無法將它拿出來，直到我給出停止的提示的時候。在那時，這個冰塊將徹底融化。<br>·你們可能需要站起來，但是不能離開你們的課桌區域。<br>·提示學生開始，繼續在一旁指導一分鐘。<br><br>報告：你們是否真的能夠感受冰塊在衣服中融化的感覺？那是什麼樣的感覺？<br>展示：如果有同學表現得十分有趣或能逗人發笑，邀請他們來分享一下。 |

# 第三章　嗨起來

| | |
|---|---|
| 活躍起來<br>適合科目:衛生與健康;體育;自然科學<br>單人<br><br>注:這是一個有氧運動,可以暫時增加心率並有助於減少壓力。 | **64. 快速的腳步**<br>目標:透過快速但安靜"跑動"的雙腳宣洩過剩的精力。<br>·站立在你的課桌旁。記住要停留在你自己的空間裡。<br>·當我給出開始提示的時候,立刻在原地快速安靜地跑起來。在幾秒鐘內盡可能快速地移動你們的雙腳。然後,根據我的提示,停下你們快速移動的雙腳變為緩慢而安靜地原地踏步。<br>·每隔10秒替換一次快速與緩慢踏步。<br>·在快速移動雙腳的時候,稍微彎曲身體。<br>·在緩慢踏步時,盡可能站得高高的。<br>·繼續讓快速跑動和緩慢踏步交替進行——每10秒鐘交換一次,最多持續兩分鐘。給學生展示一下如何不發出噪聲地快速移動雙腳,並且身體不會向前運動。 |
| 活躍起來<br>適合科目:衛生與健康;語言藝術;自然科學<br>單人 | **65. 在你的懷裡**<br>目標:透過專注於想像中的物體來轉移你的注意力。<br>·坐直並準備好享受一番樂趣。<br>·我將會發放一些想像中的物品到你們的懷中。你們不能站起來,你們將緊緊地抱著它們直到我告訴你們將其放下來。<br>·每次我發出停止提示的時候,物品將會變化。<br>·你們在做這個過程中不能發出任何聲音。如果你環抱的東西使你感到痛苦,你們可以發出沉默的尖叫。如果它在撓你癢癢,你們也必須安靜地笑。<br>·給出提示並不斷變化物品。為了讓學生們保持警覺,你可以隨時回到之前說過的物品上。<br><br>報告:討論當學生們必須環抱一些難以抓住的東西的時候的情形。<br>樣本示例:<br>·一個蠕動的嬰兒。<br>·一塊巨大的燃燒的煤。<br>·一塊巨大的冰。<br>·一堆綠色的果凍。<br>·一隻巨大的氣球,太大以至於你的胳膊不能環抱它。<br>·一個大大的,美麗的,易碎的泡泡。<br>·一個又重又高的貴重的花瓶。<br>·四隻小小的,蠕動的小狗。<br>·一條很長很大的蛇。<br>·一束美麗但帶刺的玫瑰。<br>·一把鋒利的小刀。 |

| 活躍起來<br>適合科目:數學;體育;自然科學<br>單人<br><br>注:以畫圓的方式移動不同的身體部位是很有價值的健身技巧,有助於放鬆關節並減輕由緊張、疲勞或挫敗帶來的緊張感。 | **66. 圈圈圓圓圈圈**<br>目標:以畫圖的方式移動不同的身體部位。<br>·舒服地坐在你們的座位上。<br>·當我提示你們開始的時候,請立即開始用我指定的身體部位來畫圓圈。<br>·嘗試用每個部位畫出一個完整的圓圈。留意那是一種什麼樣的感受。<br>·圓圈可大可小——這取決於你自己。<br>·由簡單的部位開始,例如腰部或者肩膀。如果時間允許,隨後可以延伸到其他部位直至全身。<br>關於身體部位畫圈的建議:<br>·肩膀:向前和向後。<br>·頭:仔細且緩慢地。<br>·鼻子、耳朵。<br>·胸部。<br>·背部:站起來畫圈。<br>·腳趾、膝蓋、腿、腳。<br>·舌頭、眼睛。<br>·手指:一次一根手指。<br>·軀幹:從腰部開始移動。<br>·整個身體:站立,雙腳穩立在地面。 |
|---|---|
| 活躍起來<br>適合科目:自然科學<br>單人 | **67. 融化**<br>目標:像蠟燭或雪人那樣徹底地融化。<br>·站立在你的課桌旁。<br>·盡可能站直身體。你現在是一個雪人(蠟燭)。<br>·當我給出開始提示的時候,你們將開始融化。記住從上到下開始融化——非常非常的緩慢。<br>-看看你能否在60秒鐘內融化成地板上的一攤水,或將你的桌子覆蓋住。我會提示你們時間的流逝。<br>·提示學生們開始。<br>·每10秒鐘提示學生一次。<br>·一旦他們到地板上之後,告訴他們,現在你們只是一攤水(或一攤蠟燭)。放輕鬆,不要動。當我給出提示的時候你們將會慢慢地坐回你們的座位。<br><br>報告:討論一下融化的感覺是怎麼樣的。<br>展示:如果有學生在他們努力融化的過程中表現得十分有趣或者充滿創意,邀請他們表演給全班看。 |

## 參與其中

　　本節的三分鐘激勵活動需要學生們參與到適度的甚至是積極的身體活動中。這些活動要求他們站立在課桌旁或課桌後面，並且以一些奇思妙想的方式動起來，通常是和同伴一起或者小組一起(例如，參與到其他同學的活動中去)。在某些情況下，他們實際上還需要繞著教室移動。然而，這都是一些要求安靜的活動，因為交談是不被允許的。這有利於控制(學生們)因參與活動而額外產生的精力。

　　這些激勵活動的特性使其非常適合用在那些異常活躍的孩子身上，特別是那些需要釋放多餘精力後進行認真的課堂作業或聽講的孩子。年齡大一些的學生(包括高中生)仍能夠從中受益，當他們感到或表現出無聊和困倦的時候，讓他們站起來走動走動也能有所裨益。

　　學生們在進行運動或活動，事實上，這都是語言藝術課程中的重要環節的體現，他們也在仔細聆聽老師的提示語言。學生們在參與各種活動的時候，其短時記憶、想像力以及認知能力均得到了運用和鍛煉。如果活動還包括展示環節，那麼"及時圖像化能力"也應包括進所涉及的整體技能當中。

　　大多數學生會很喜歡這些充滿活力的新活動。然而，如果有學生比較害羞，在一定程度上對他來說是個挑戰，或者僅僅感到"置身事外"無法投入，使用"棄權通行證(Pass)"是一個很好的主意，允許學生有這樣的權利——坐在局外關注其他人直到活動結束。

　　記住一定強調這些活動均需要保持安靜的特性要求，正是由於禁止口頭交流，往往才更有樂趣。

| | |
|---|---|
| 參與其中<br>適合科目:數學<br>兩人一組<br><br>注:這是學生們最喜愛的並且似乎不會厭煩的一個激勵活動。但是記得提醒他們口頭交流是不被允許的。 | **68. 搖數字**<br>目標:透過揮拳頭和伸手指來達到特定的數位。<br>·轉身面向你的同伴(你的鄰座,坐在你後邊的人,等等)。<br>·舒服地坐著,雙腳放在地板上。<br>·這很像"石頭,剪子,布"那個遊戲,你們揮動拳頭三次,在第四次的時候,你們倆同時打開你們的手。但是與"石頭,剪子,布"不同的是,你們將要伸出你們想要的手指數量。<br>·我將會說出一個數字,你們的目標就是試著搖出我說的數字。例如,如果我說 3,那麼你們同伴中的一個需要伸出一根手指,另一個同學需要伸出兩手指。或者其中一個不伸手指(也就是說,把手握成拳頭),同時另一個伸出三根手指。<br>·記錄一下你和你的同伴需要嘗試幾次才能達到那個神奇的數字。一旦你們得到了這個數字,請舉手示意。<br>·這個活動具有一定的競爭性,因為每組都想第一個得到數字。你可以根據學生的情況選擇是否展開競賽。<br>·這通常是一個好主意——在幾組學生都得到數字之後就停下來,然後以一個新的數字開始。可以說出一些大點的數位,讓學生雙手並用來參加活動。<br>·為年齡大一點兒的孩子增加難度,嘗試給出正整數和負整數。其中一方為正數,另一方為負數;他們倆加在一起的時候必須得出老師指定的那個數字。或者使用減法(從另一個數減去一個數,得到指定的數位)乘法或除法都可以。教師可以靈活變化。<br>·另一種選擇是挑戰兩個或更多的學生搖出完全相同的數字。換句話說,兩人需要嘗試幾次才能搖出相同的數位呢,例如,三次? |

第三章 嗨起來

| 參與其中<br>適合科目:詞彙課<br>兩人一組<br><br>道具:紙和書寫工具。<br>準備:編輯一系列單詞表,使其足夠複雜具有挑戰性,而不會被立刻識別出來。<br>注:1.這是一個非常有利於複習詞彙的活動。如果學生解讀起來有困難,給出一些學科線索,例如,它來自社會課程。2.大多數教師都使用過這個技巧,但是將它以三分鐘激勵法的形式融入課程中賦予了它新的生命和吸引力。其競爭性可以鼓勵並激勵學生。 | **69. 全部顛倒**<br>目標:解讀字母以組成大家所熟悉的詞彙。<br>・在這個遊戲中,你和你的同伴將從全部打亂的字母中想出一個單字並將其寫在黑板/投影儀的幻燈片/海報紙/互動式白板上。<br>・這是一個文字遊戲。你們將與其他組競爭,看誰最先解讀出來,你們可以和同伴小聲交談共同想出這個單字。<br>・當我給出提示的時候你們就開始。一旦你們得到了這個單字,請舉起手臂,放下你們手中的鉛筆。我要觀察誰是勝利者。<br>・提示學生們開始並密切關注。當其中幾組得出單字的時候便停止這個活動。如果時間允許,用另一個單字重新開始。 |
|---|---|
| 參與其中<br>適合科目:自然科學<br>單人<br><br>道具:每個學生一個小氣球。<br>注:雖然這個活動會產生噪音或者讓人腎上腺素增多,但打爆氣球是很有趣的一件事。它能很快緩解緊張感和挫敗感。 | **70. 氣球大戰**<br>目標:快速把氣球吹起來,用它打仗,然後再將氣球打爆。<br>・把氣球發放給每一個學生,但是提醒學生們目前還不能吹氣球。<br>-當我提示你們開始的時候,你們將有30秒的時間將氣球吹起來並將氣球捆好。開始!等待大約30秒。<br>-現在轉向你們鄰座的同學,拿著氣球的繫繩相互攻擊對方的氣球。不要將氣球打破了,僅僅是小心地將它們碰在一起。開始!此環節20到30秒;如果給的時間太長則攻擊性會增強。<br>・提示學生們停止。<br>・現在,你們將有30秒的時間將氣球打破,使用任何你們能夠使用的方式,利用課桌上任何可以使用的工具,開始吧! |

81

| | |
|---|---|
| 參與其中<br>適合科目：數學<br>兩人一組<br><br><br><br>道具：每個學生一張紙和一個書寫工具 | **71.幸運的High和Low**<br>目標：透過嘗試去匹配老師所說的High或Low來測試一下你的運氣。<br><br>· 這很像"搖數字"(81頁)的活動裡面，它類似于"石頭、剪子、布"中的玩法，搖三次握緊的拳頭，在第四次的時候打開拳頭。<br><br>· 首先，將你和你的同伴的名字並排寫在紙上以此來計算得分。如果你們喜歡的話也可以寫在筆記本上。教師們可以分發便箋紙，只要不花太長時間就好。<br><br>· 面對你的同伴坐著，雙腳放在地板上。<br><br>· 握起拳頭，搖三次，在第四次搖晃的時候打開拳頭並伸出你所選擇的手指的數量。讓其中一對來演練一下。<br><br>· 現在是遊戲環節了。當你們打開拳頭的時候，我會說"High(多)"或"Low(少)"，與我所說的匹配的同學獲得一分，並將得分記在他的名下。用你的雙手向學生示範一下，一只手一根手指，另一只手三根手指，指出哪邊是High哪邊是Low。<br><br>· 如果你們倆所展示的是相同的數目，則兩人都不得分。<br><br>· 為了公平起見，在你們打開拳頭的時候我將不會看著你們，我會轉過身去。<br><br>· 和他們一起數"1、2、3"，然後說出"High"或"Low"。確保要隨意喊出來，不要總是二者交替，這樣的話學生們很快就知道這個套路了。<br><br>報告：你可以在任何涉及運氣的遊戲中強調概率(或非概率性)的概念。 |

第三章 嗨起來

| 參與其中 | 72. 有樣學樣 |
|---|---|
| 適合科目：任何需使用排序技能的科目，例如，語言藝術(故事中的事件)、數學(計數)、自然科學(實驗步驟)<br><br>兩人一組 | 目標：創建一系列有趣的手及手臂的動作。<br>· 轉身面向你的同伴。<br>· 身體坐直，腳放在地板上，手臂擱在桌面上。<br>· 決定誰是A，誰是B。<br>· 同伴A將會做一些手臂和手的動作，一些簡單的動作即可，像這樣。向學生示範：快速打開和合上雙手兩次，然後轉動一邊的肩膀。<br>· 同伴B將會複製這些動作並加入新的動作，就像這樣，示範：打開/合上雙手兩次，轉動一邊的肩膀，然後靜靜地鼓掌三次。<br>· 你們將會輪流增加動作，直到我提示你們停止。<br>· 努力記住這些動作的順序。在提示你們停止之後，你和你的同伴將一起來做這些動作。<br>· 這是一個需要安靜的活動，不允許交談，你們只需要安靜地做動作就好。<br>· 報告：討論正在學的科目中順序的重要性。<br>· 展示：這是一個學生們樂於分享的活動，讓其中幾對同學來展示他們完整的系列動作(時間允許的情況下)。<br>動作樣例：<br>· 打響指　　　　　　　　　衝拳動作<br>· 揮舞(想像中的)套馬鎖　　轉動肩膀，聳聳肩<br>· 關節疊在一起　　　　　　肘部向後畫圈轉動，像翅膀一樣<br>· 輕拍桌子，膝蓋，前額，耳朵　扭動手指<br>· 搖晃食指 |
| 參與其中<br>適合科目：任何科目<br>單個<br><br>注：1.這個三分鐘激勵活動看似幼稚，特別是對年齡大些的孩子而言，但是我卻發現所有年齡段的學生(甚至成年人)都喜歡這個"傻"活動，並且這個活動會讓大腦得以放鬆。<br>2.需要提醒學生們不要侵犯他人的私人空間。 | 73. 身體與顏色<br>目標：將特定的身體部位貼在教室中有特定顏色的地方。<br>· 這個活動要求我們在教室裡四處移動，因此請大家注意各自的個人空間。<br>· 我將會說出身體的一個部位以及一種顏色，比如，"鼻子 紅色"。<br>· 你們的任務是找到教室中紅色的東西，然後快速地到達那邊並將鼻子與之接觸。<br>· 如果它是一個小物體並且已經有人捷足先登，你可能需要去尋找不同的物品。<br>· 如果物品足夠大的話，你們可以一起共用，但是不要交談，只是走動和將身體部位貼在物品上即可。 |

83

| | |
|---|---|
| 參與其中<br>適合科目：任何科目<br>兩人一組<br><br>注：1.由於該活動要求學生們製造音效，因此它不是一個完全無聲的活動。然而，完全忽略這些音效，活動仍然是有意義的。2.任何像這種涉及身體能量爆發的活動都可以用作很好的"減壓器"。 | **74. 音樂沙袋**<br>目標：擊打想像中的沙袋，並在擊打的過程中加入音樂效果。<br>·轉身面向你的同伴。<br>·坐著的時候雙腳放在地上，面向對方，握拳。<br>·想像你的面前有一個小小的沙袋，它正在你的面前而非靠近你的同伴那邊。<br>·練習一下在空中擊拳，但記得要控制在你同伴的擊打區域之外。<br>·你和你的同伴將會輪流擊打懸掛在你們之間的沙袋。它是一個很小的沙袋，但是，每次你擊打它的時候，這個沙袋會發出某種音樂的聲音。記住它是一個很小的沙袋，因此發出的聲音也是微弱的。你必須在不張嘴的情況下製造出這些音樂。老師可以示範一下帶有音效的擊拳。<br>·輪流擊打這個沙袋。努力發揮你們的創造力。提示學生們開始。<br>·在30到40秒之後給學生說，現在你們輪流複製你的同伴所做的動作，然後將你自己的動作加入其中，直到你們得出一個有趣的音效拳擊組合。<br>·請留意你和你的同伴創作出來的最有趣的音效拳擊組合，稍後可能會請你們進行分享。<br><br>展示：邀請幾組同學來展示他們的音效拳擊組合。 |
| 參與其中<br>適合科目：任何科目<br>個人參與的全班活動 | **75. 一起搖擺！**<br>目標：按照提示交替進行靜默地移動與充滿活力地搖擺身體。<br>·這是一個有趣的遊戲，因為你們必須使整個身體擺動起來——就像小狗被弄濕水之後那樣搖晃身體。<br>·但是你們只能在我喊"一起搖擺！"的時候你們才能搖擺全身，剩餘時間只能搖擺我所喊出的身體部位。<br>·當我給出開始提示的時候，請站起來並小心翼翼地在教室中走動，請小心其他人的個人空間。<br>·提示學生開始。交替喊身體部位和"一起搖擺！"<br>身體部位示例：<br>·手指<br>·手<br>·肩膀<br>·一隻腳/一條腿/胳膊/膝蓋/肘部<br>·頭<br>·鼻子<br>·頭髮<br>·背部 |

| | |
|---|---|
| 參與其中<br>適合科目:自然科學<br>兩人一組<br><br>道具:舒緩的純音樂,例如,冥想時的音樂或瑜伽音樂。<br><br>注:這個活動沒有音樂也可以進行,但是有音樂會更加自然順暢。 | **76. 魔法鏡子**<br>目標:像照鏡子一樣,將同伴緩慢,平穩的動作表現出來。<br>·轉身面向你的同伴(你鄰座的同學或者你前面的同學),坐直身體並將雙腳放在地上。<br>·你們的任務是像照鏡子一般地呼應對方的動作,無論你的同伴用他的手或手臂做了什麼動作,你都要做完全相同的動作。<br>·請記住鏡子所顯示出的是相反的一面,因此如果你做動作的同伴在往回拉的時候,你也要往回拉,而不是向前推。老師可找同學進行示範。<br>·努力發揮創造性。動作做得大一些,但必須得緩慢。<br>·你們必須保持眼神交流!這是訣竅所在。不要看著你同伴的手,只需看著他的眼睛。就這樣緩慢地移動。<br>·如果你是引導的一方,別想著設法去捉弄你的同伴,而是要努力地去引導他,讓他完全地跟上你的動作。<br>·決定好誰首先作為引導的一方。一旦音樂響起就開始。當我發出信號的時候就換另一個人來引導。<br>·提示同學們開始。<br>·給學生大約30秒時間進行活動,然後告訴大家交換引導。<br><br>展示:這個活動本身就快速地在班上分享了一系列動作,鼓勵學生們進行分享,哪怕只有一對學生願意進行分享也可以。 |

| | |
|---|---|
| 參與其中<br>適合科目:語言藝術<br>兩人一組<br><br><br><br>道具:所有學生準備好紙和書寫工具。 | **77. 在我手中輕敲**<br>目標:猜出拼寫在同伴手掌中的單字。<br>·這是一個具有挑戰性的遊戲,你和你的同伴將會挑戰其他組。<br>·我會給你們一個單字,但是每組中只有一人能夠看到這個單字。<br>·一個同學透過敲擊與字母對應的次數,讓另一個同學將其寫下來。<br>例如,如果是"Cat(貓)"這個單字,我得先敲三次,因為C在字母表中是第三個。我的同伴應該在紙上寫下C。一旦我的同伴寫下C,我繼續敲下一個字母。A字母敲一次,然後我的同伴寫下A。<br>·如果我的同伴在兩個字母的基礎上就猜到了單字,他可以寫下整個單字。如果正確,我就可以繼續下一個單字,直到我們得出所有的單字。<br>·如果我的同伴出錯了,我就搖搖頭。記住——不許交談!並且不許直接在手中畫出這個字母。<br>·我將會把單字放在黑板上(選擇二到五個單字),其中一個必須轉過身去,不能看黑板。<br>·難度是由你所選擇的單字決定的。也可以透過寫一個完整簡短的句子而非一個單字來增加難度。<br>·如果你的同伴找不著北或者你敲錯了數目,將你們的手移到兩側,好讓另外一方知道並且重新開始。(老師)向學生演示一下。<br>·提示學生們開始,在第一組表示完成所有單字的時候結束。 |

第三章　嗨起來

| 參與其中<br>適合科目:藝術;體育;自然科學<br>兩人一組<br><br><br>道具:眼罩<br>注:1.如果你的班上有眼罩，則正好可以用在這個活動上。沒有也沒關系，相信你的學生們，讓他們閉上雙眼並跟他們解釋只有閉上眼睛才能真正的體驗這個活動。2.如果願意的話，這個活動也可以在教室以外的地方進行。比如，在洗手間，在辦公室…… | 78.盲走<br>目標:牽著別人或被別人牽著在教室中走動。<br>·決定誰是 B(盲人)，誰是 L(引導者)。你們會在中途交換角色。<br>·B 同學，你是看不見的。戴上眼罩或者閉上你的雙眼，不能偷看。<br>·當我提示你們開始的時候，引導 L 同學，仔細地引導你的同伴，無論我在哪兒喊你們開始。<br>·B 同學，你必須相信你的同伴。L 同學，你必須非常可靠。你們之間不能交談。你必須透過給出一些輕柔的身體上的指示來引導你的同伴，比如，觸碰你同伴的肩膀轉向右邊，輕輕地拉著你同伴的手向前走。站在你那看不見的同伴的右前方以免他踩到什麼東西。<br>·L 同學，請記住，你現在是掌控者。同樣也要記得在不久後你也將成為看不見的一方。<br>·給學生們指出開始的位置(見下方)。所有的小組將前往同一個地方，所以空間要大得足夠容納所有的學生。例如，教室的前方，而不是在"約翰的課桌"旁。<br>·60 秒之後學生交換角色。<br><br>報告:討論完全依靠另一個人是什麼樣的感覺，完全對另一個人負責是什麼感覺。將這兩種情況與真實的人生聯繫起來。<br><br>位置/方向樣例:<br>·向前直走五步/往後走/向左走/向右走。<br>·在教室的後面/前面/兩邊。<br>·在教室外邊並從後門進來。<br>·從你的課桌向外走十步然後返回。<br>·去洗手間/辦公室/圖書館。 |

| 參與其中<br>適合科目:藝術;體育;自然科學<br>兩人一組<br><br>注:1.這是低年級孩子們最喜歡的一個活動,他們在表演對立面的時候極其具有創造性。2.提示學生可以根據提示自由地做出反應。我們的反應是由很多因素決定的,你在這一個情景中可能是泰迪熊,在下一個情景中就可能成了灰熊。對於年齡較大的學生來說,這個活動很有助於進行討論。 | **79. 泰迪熊或灰熊**<br>目標:根據老師所提供的線索做出相應的反應:是泰迪熊還是灰熊,並嘗試記住同伴的反應。<br><br>·我們所有人都被不同的事物所吸引或者喜歡不同的事情,但也有一些事情不能吸引我們,甚至令我們感到害怕。<br>·在這個遊戲中,我們將把這兩種不同的反應分別叫作泰迪熊或灰熊。<br>例如,我在悲傷的電影中哭泣,那麼我是這個悲傷電影中的一隻泰迪熊。你要表現得像一只可愛的、令人想擁抱的泰迪熊。當我遇到糟糕的司機的時候我會很生氣,當我看到糟糕的駕駛的時候我就是一隻灰熊,這時候你要表現得像一隻兇猛的灰熊。<br>·當我提供給你們一個場景的時候,你們每個人到達泰迪熊還是灰熊的狀態,這取決於你們對特定問題的反應。<br>·你們可以做任何你們想做的:灰熊可以向空中揮爪子;泰迪熊可以微笑並讓自己看起來很可愛。<br>·製造一些你認為適合這兩種生物的聲音。或許泰迪熊可以咕咕地叫、發出嗡嗡聲,或者咯咯地笑。灰熊則發出咆哮聲,或者製造出一些讓人討厭的聲音。這由你們自己決定。<br>·在三到四個情景之後,我會停止提示。然後你們的任務是努力回想你們的同伴對於每個提示是如何反應的。<br>·為有助於你們記住提示,我會將它們展示在黑板上(交互式白板、頭頂上方的顯示板)<br><br>情景示例:<br>·當我看見一隻受傷的動物。<br>·當我去看牙醫/醫生/去醫院的時候。<br>·當某個人被欺負的時候。<br>·當我丟失了我的鑰匙/午餐,或失去了我最好的朋友的時候。<br>·課間休息的時候下雨。<br>·當我思念我的媽媽/爸爸/兄弟/朋友/寵物的時候。<br>·當我碰傷了自己的腳趾的時候。<br>·當我受傷的時候。<br>·當我生病的時候。<br>·當我所愛的人受傷、生病、感到恐懼的時候。<br>·當我們輸掉一場足球/棒球/曲棍球比賽的時候。 |

第三章 嗨起來

| 參與其中<br>適合科目：藝術；體育；自然科學<br>兩人一組 | 80. 瘋狂變身<br>目標：與同伴進行合作，僅僅用身體擺出老師所說的物品。<br>·你和你的同伴需要一起站在課桌的一邊，因此請確保你們有足夠的移動空間。<br>·這個遊戲需要用你們的身體來表現出某種東西。例如，如果我說出"電線桿"，你們中的一個人直直地站著，另一個同學面對著你站著，手臂往兩邊伸直。或者，你們倆背對背站著，你們倆的手臂都往外伸直。<br>·嘗試一下。<br>·當每個學生都"變身"之後，讓學生保持那個形態而不是四處觀看同伴。<br>展示：邀請尤其具有創造性的小組在全班分享他們獨特的"變身"。<br>形態樣例：<br>·橋 ·塔 ·房子 ·房門 ·大門 ·籬笆 ·教堂<br>·大象 ·長頸鹿 ·青蛙 ·烏龜 ·鱷魚 ·鳥 ·蝴蝶<br>·沙灘 ·鞦韆 ·風箏 ·剪刀 ·腳凳 ·梯子 ·桶 ·箱<br>·岩石 ·樹 ·瀑布 |
| --- | --- |
| 參與其中<br>適合科目：任意科目<br>個人作為班級的一部分<br><br>註：1.西蒙說這是一個基於兒童遊戲的活動，但是我發現它受到所有年齡段學生的歡迎，甚至是大學生。<br>2.這個遊戲的力量可以透過小小的獎勵得到提升；(參見19頁）只有在你對他們充滿熱情的時候獎勵才更加有意義，(教師們)興奮地說："你贏得了……"，並呈現出獎品，而不是開空頭支票。 | 81. 這樣做！那樣做！<br>目標：複製老師喊"這樣做"時所伴隨的動作；這是一個具有消除性質的遊戲。<br>·請大家都站起來。<br>·我將要做一個動作。如果我說"這樣做！"，你們就要複製我的動作。<br>·如果在我做一個動作的時候說的是"那樣做！"，你們就不能複製我的動作。事實上，如果你們稍微移動了一點就會被淘汰出局，然後坐回位置上。<br>·最後站著的幾個人將會成為勝出者。<br>·如果你們早早地就出局了，你們的任務就是仔細觀察那些站著的同學在"那樣做！"時是否有移動的跡象。<br>·先來一輪練習。你最好站在椅子上，這樣的話在你引導做動作的時候學生容易看得清楚。<br>·在三分鐘內可能有時間再來一輪。交換一下，邀請學生來引導做動作。 |

| | |
|---|---|
| 參與其中<br>適合科目：衛生與健康<br>個人作為班級的一部分<br><br><br>注：1."隨著圓圈轉動"這個三分鐘激勵法很好地引入另一個活動——"信賴我"（92頁）。在衛生與健康課程上，它們一起可以有效地形成許多話題的課程預設，例如，家庭、同齡人、友誼、甚至人格特質（例如信任和誠實）。 | **82. 隨著圓圈轉動**<br>目標：當作為圓圈的一部分的時候，按指示移動。<br>・選定可以利用的空間，或讓學生們手拉著手組成一個大圓圈，或讓他們組成幾個小一些的圓圈（每組不少於四到五個學生），要確保空間能夠讓學生們往各個方向移動。<br>・這是一個需要學生們相互合作但不允許他們相互交談的遊戲。<br>・我會給你們移動的提示，你們要以團體為單位一起移動。例如，我可能會說"向右邊移動兩步"，你們這個團體必須一起來做這個動作。<br>・起先我會慢一點給出提示，但是隨後的提示會越來越快，因此你們需要仔細聽我的指示並一起行動。<br>・不要相互推搡——而是相互合作。<br>・這個遊戲的想法是保持整個團體在盡可能快速地移動的同時卻不危及任何人。在你的學生們行動的時候你要判斷他們是否有危險。<br><br>報告：討論在現實生活中我們必須與人合作以及依賴周圍的人的某些支援的情況。<br><br>移動提示的樣例：<br>・向任意一側橫向移動幾步。<br>・往裡或往外移動幾步。<br>・手臂上的動作，例如"舉起手臂""收攏手臂""手臂向下"。<br>・腳上的動作，例如"提起左腳""在空中晃動右腳"。<br>・考大家水準的提示，例如"盡可能蹲得低一些""踮起腳尖"。<br>・團體移動，例如像波浪一樣、像在大風中搖曳的灌木叢、像轉向太陽的向日葵。 |

# 第三章　嗨起來

| 參與其中<br>適合科目:衛生與健康;體育<br>兩人一組<br><br>注:1.與"參與其中"其他組活動不同的是,這一個激勵法涉及同伴之間的小聲交流。2.這個激勵法很好地銜接了"跟著圓圈轉動"(91頁)。在衛生與健康課程上,它們一起可以有效地形成許多話題的課程預設,例如,家庭,同齡人,友誼,甚至人格特質(例如信任和誠實)。 | **83. 信賴我**<br><br>目標:為你的同伴提供身體支撐以及接受來自同伴的身體支撐。<br><br>·這是一個關於信任與合作的遊戲。<br><br>·我會提供一些線索,你和你的同伴必須將從中找出一個合適的位置。<br><br>·其中一個人必須依賴或使用另一個人作為支撐。例如,如果我說"背對背",你們將背對背地站立,但是其中一個人必須靠在另一個人的背上,以此作為支撐。<br><br>·當你找到那個合適的位置之後,你可以小聲地告訴你的同伴,並保持那個姿勢一直到我給出另外一個提示。<br><br>·你們必須輪流作為被支撐的那一方。<br><br>報告:快速討論被另一個人支撐著是什麼感覺。<br><br>拓展報告:學生們隱喻地寫作或談論被支持的感覺。<br><br>展示:邀請幾組學生分享他們更加新穎的姿勢。<br><br>位置提示樣例:<br>·肩並肩。<br>·背靠背。<br>·手對肩。<br>·手對手。<br>·頭對頭。<br>·一隻腳抬起來(只其中一人,兩個人都抬起來)。<br>·腳對手。<br>·膝蓋對膝蓋。<br>·手對頭。 |

| 參與其中<br>適合科目:藝術課程<br>兩人一組<br><br><br><br>注:有些學生不喜歡被觸摸,意識到這一點很重要並且允許他們不參與其中。或許你可以邀請他們作為最終雕塑品的評委或藝術批評家。 | **84. 泥塑**<br>目標:輪流將同伴鑄造成一個有形狀的東西。<br>·和你的同伴一起站立在桌旁。決定好誰是A,誰是B。<br>-當我給出開始提示的時候,B同學將成為一塊非常柔軟的泥土,與此同時A同學將成為塑造那塊泥土的藝術家。<br>·B同學要允許A同學以他們想進行塑造的方式移動你的身體;A同學,你們必須保護你們的"泥土",避免使其受到傷害,因此請多加小心。<br>·請記住泥土是不能說話的,因此活動需要在安靜的氛圍中進行。<br>-當A坐回座位欣賞自己美麗的藝術品的時候,我就知道你們已經完成了最終的作品。<br>·我會給你們兩分鐘的時間來創造你們的作品。<br>·提示學生們開始。<br>·大約兩分鐘後發出結束提示。<br>·如果時間允許,讓學生互換角色並重複這樣的經歷。<br><br>展示:邀請學生們四處看看別人都塑造出了什麼。<br><br>物品樣例:<br>·一件傢俱。<br>·某種容器。<br>·一種植物或一棵樹。<br>·一根電線杆。<br>·一個機器人或士兵。<br>·一隻小鳥或一種小動物。<br>·一座教堂。<br>·一位舞者,一個雜技演員,一個小丑。 |

第三章　嗨起來

| | |
|---|---|
| 參與其中<br>適合科目:數學;自然科學;社會課程(相識和問候的方式)<br>整個班級<br><br>道具:有編號的紙條,足夠每個學生使用。<br><br>準備:準備一些小紙條,從1到5中選取數字寫在每張紙條上。<br><br>注:1.這是一個很好的組成團體的活動,因為它以一種吸引人的方式快速隨機地創建了一個團體。<br>2.這個遊戲的另一種玩法:讓學生們悄悄地從1到5中選擇一個數字,然後去尋找和他們選了相同數字的人。 | **85. 握住我的手**<br>目標:在教室中定位那些和你擁有相同數位的人。<br>·我們將利用這個遊戲來進行分組。<br>·這個遊戲需要你們之間相互握手,但是是以一種不同尋常的方式。<br>·你們每個人都有一個秘密數字。不要向任何人展示你的數字。記住它,然後丟掉紙條。<br>·盡可能均勻地分配編了號的紙條。如果學生的數量正好能夠被五整除,那麼每個學生得到每個數字的機會是均等的。否則,告知學生們有一些組會少一些成員。因為這是一個具有競爭性的活動,不提前告知每組有多少成員會讓挑戰顯得不公平。<br>·當我給出開始提示的時候,你們將會四處走動並與你們遇到的每一個人握手。<br>·接下來是有趣的地方:如果你的紙條上寫著3,你必須用每個人的手打氣三次(老師)向你的學生展示如何用手或手臂打氣三次。如果你的紙條上寫著 1那麼只需要打氣一次。<br>·當1和3相遇的時候會發生什麼呢?與其中一個同學演示一下,這樣所有的同學都能看到當3試圖繼續打氣時1所進行反抗的樣子。<br>·當你發現和你有著相同數字的同學的時候,你倆手臂相連繼續去尋找你們組的其他成員。<br>·當你們組聚齊了所有的成員,快速坐在地板上。第一組坐下的將成為勝出者。<br><br>報告:詢問學生當他們找到和自己有著相同數字的同學時感受如何。<br><br>拓展報告:長期討論關於找到"和你相像的人"或"和你不同的人"的感受,或者討論你所選擇的無論什麼與課程銜接有關的話題。 |

| | |
|---|---|
| 參與其中<br><br>適合科目:數學;體育;自然科學<br><br>兩人一組<br><br>道具:小沙包(或者米球,參看178頁)。<br><br>注:1.拋擲沙包時增強了學生的自我控制、協調性、方向性、集中力,以及合作性。 2.這個活動可以伴隨著音樂一起做,學生可以跟隨音樂的節奏投擲和抓沙包。或者你可以透過不斷改變速度拍打出一個節奏。 | **86. 沙包閃電戰**<br>目標:拋擲並抓住小沙包。<br>·面向你的同伴。如果坐在課桌邊上讓你們感覺距離太近了,你們中的一個可以離得稍微遠一點,或者你們倆都坐在地板上。<br>·當我給出開始提示的時候,來回拋擲你們的沙包,不要讓你們的沙包掉在地上或者打在桌子上。小心地拋擲沙包讓你的同伴接住它。<br>·每次我提示你們的時候,你們必須改變投擲沙包的方式。例如,如果我說"只用左手",你們必須用你們的左手投擲。<br>·給出開始提示。每隔幾秒鐘改變拋擲方式。<br><br>拋擲方法示例:<br>·雙手一起。<br>·只用一隻手。<br>·一個人用右手,一個人用左手。<br>·雙手交替。<br>·用右手接,左手拋。<br>·用左手接,右手拋。<br>·舉手過肩投擲。<br>·放低手進行拋擲。<br>·投擲的人閉著眼睛,接的人睜開眼睛。<br>·投擲的人睜開眼睛,接的人閉著眼睛。<br>·從一邊接住。<br>·在前面接住。<br>·在手上方接住。<br>·接的人背對投擲的人,以此來接。<br>·在接住之前拍拍手。 |

第三章 嗨起來

| | |
|---|---|
| 參與其中<br>適合科目:體育;自然科學<br>兩人一組<br><br>注:如果有學生由於身體上近距離接觸的原因而不願意參加這個活動,那麼這個活動可以個人的方式進行。 | 87. 黏在地上<br>目標:在兩人的四隻腳被牢牢地黏在一個點上的情況下,搭檔共同行動。<br>·面向你的同伴。<br>·這個活動需要你們作為一個共同體進行,因此尋找一個將你們連接起來的方式;例如,手拉著手,臂挽著臂,把雙手搭在兩肩上。<br>·確保你們的腳穩穩地站在地上,就像它們被黏在地上一樣。你們不能移動它們,一點都不能動。因此你們可以搖晃一下身體以此來尋找一個穩定的姿勢。<br>·當我提示你們的時候,你們倆將以我所說的方式一起進行移動。<br>·記住你們的腳已經被牢牢地黏在地上了,只有你們的身體能夠移動。<br>·提示學生開始移動。<br><br>報告:討論一下完成這個活動的困難在哪裡。<br>移動的樣例:<br>·暴風雨中搖晃的樹。<br>·一個長了四隻手的怪物試圖夠到遙不可及的東西。<br>·跳舞:快速地,緩慢地,有創意地跳;跳芭蕾舞;伴隨鄉村音樂跳動。<br>·行軍或者滑冰。<br>·一個長了四隻手的怪物試圖提起一個巨大的、沉重的物品。 |
| 參與其中<br>適合科目:衛生與健康;語言藝術;社會課程<br>兩人一組 | 88. 繃著臉的人<br>目標:當你的同伴不打算笑的時候想辦法讓他笑。<br>·面向你的同伴,靠近一點但是不能夠接觸到彼此。<br>–決定誰是S,誰是F。我們在中途會交換位置,因此誰先是哪個字母都沒有關係。<br>–F同學,你是一個幽默有趣的人。當我給出開始提示的時候,你的任務是讓S同學笑起來。<br>·S同學,你是繃著臉的那個人。你的任務是保持一本正經地板著面孔。<br>·F同學,除了講話和觸碰你的同伴,你可以做任何動作來逗笑他。這是一個無聲的活動,你們必須停留在你們課桌的範圍。<br>–S同學,你必須繃著個臉,不能對你的同伴笑。一旦S同學笑了,這一輪就結束了,然後你們必須交換位置。<br>·提供學生開始提示。觀察學生並斷定什麼時候他們應該交換位置。有一些同學可以一直板著個臉,注意這些同學並讓他們稍後進行報告。<br><br>匯 報 :邀請那些不會笑出來的同學分享他們保持專注的秘訣。討論在什麼時候最好不要笑出來,例如,在試圖不傷害別人感情的時候。 |

## 聲音與運動

這一章節中的三分鐘激勵法將圍繞"活力運動"展開,方式則是突破原有的無聲的個人活動,向有聲的交流性活動轉變。新的活動方式將分散的個體學生融合成為一個所有學生共同參與的整體,這將學生們變成了受約束的活躍活動體。雖然活動中會涉及聲音或者演講,但是通常而言不需要輔助工具則可進行。

初看起來,這些激勵的方式似乎並不能減少混亂,而會適得其反。事實並非如此,因為這些結構化的活動是在老師的控制和指導之下進行,最終會奇跡般地達成消耗學生多餘精力和吸引其注意力的目的。

這些活動涵蓋了大量與語言藝術課程有關的內容,通常一個單一的活動就是一個課程預設。學生們致力於運動、展示、聆聽、觀察、複製、演講,以及偶爾的閱讀和寫作。這些三分鐘激勵法可以作為很好的課程預設(參見第 11 頁)。

活動中需要提醒學生注意以下幾點:個人空間、尊重他人,以及安全問題。以下是簡短而有效的活動規則。

1. 請待在你自己的泡泡中。
2. 請留意他人,注意不要刺破了別人的泡泡。
3. 欣賞並尊重別人所做的事情,不去議論是非。

需要提醒學生們在不可避免的同時活動過程中,不要侵犯到別人的空間。將密封在學生四周的空間想像成為"個人的泡泡空間"是很有效的約束方式。尊重同齡人的"泡泡"似乎已經成為被各個年齡段的學生認同並接受的一個概念。

# 第三章　嗨起來

| 聲音與運動<br>適合科目:衛生與健康;體育<br>單人<br><br>注:1.這個活動與"快速的腳步"(77頁)類似,但不同的是腳上和腿上的動作。2.這個活動有利於讓腦內啡在體內流動,從而獲得更多能量。 | 89. 喧鬧的"哪兒也不去"<br>目標:參與一個動作簡單且固定的活動。<br>·站在你的課桌旁邊。我們真的要動起來了。<br>-我將提示你們何時開始動起來,但是你們必須待在固定的點上。你們將一動不動,但卻以一種奇怪的方式到達那裡!<br>·你們可以在每種移動方式上附加一種聲音。例如,在你走正步的時候,伴隨著你步伐的移動可以加入"蹦,蹦,蹦……"的聲音。每個人會發出不同的聲音,你也可以選擇不發出聲音,這取決於你自己(老師)在引導學生進行移動的時候準備好你自己的口令。<br>·提示學生們從簡單的開始:緩慢地開始。加速走正步的步伐直到達到一定的速度,然後改變動作:雙腳合在一起跳行。<br>·不斷地改變動作,可以使用混合的動作。<br>·包括各種快慢交替的動作,這會以一種積極的方式消耗學生多餘的能量。<br>·你可以邀請學生們來展示他們在無處可去時所發出的聲音。<br><br>運動與聲音樣例:<br>·單腳跳躍 "哼嗒,哼嗒,哼嗒……"。<br>·雙腳跳躍 "啦,啦,啦……"。<br>·扭動全身 "朗姆,朗姆,朗姆……"。<br>·仿佛在深水中一樣,緩慢前行"咕嘟,咕嘟,咕嘟……"。<br>·拖著僵硬的腿走正步"嗶,嗶,嗶……"。<br>·瘋狂地走正步,腿伸向各個方向"嘞啵,嘞啵,嘞啵……"。<br>·像沒有骨頭的布娃娃一樣行走 "跌落,跌落,跌落……"。 |

| | |
|---|---|
| 聲音與運動<br>適合科目:衛生與健康;語言藝術<br>兩人一組 | **90. 人的一生**<br>目標:將人的一生濃縮成幾分鐘,並用身體去體驗人類變老的過程。<br>·在這個遊戲中,你和你的同伴將成為朋友,你們將以嬰兒的狀態開啟人生並"快進"步入老年狀態。<br>·你們需要認真聽從我的指示,這樣你們才明白應該做什麼。<br>·你們需要共同合作去感受當你們越來越老的時候所發生的一切。<br>·你們可以合並桌子共享區域,但是不要幹擾到他人的領域。記住要尊重他人的泡泡空間。<br>·每一次你們聽到我的提示的時候都會變老。<br>·每到一個新的年齡段的時候,你們都要對彼此說:"你感覺怎麼樣?我感到___"。在空白處填入適當的語言。你們必須使用所處年齡段的聲音和語言。<br>·仔細聽從我的指示,暫停幾秒並繼續聽從下麵的指示。<br>·當我提示你們開始的時候,你們是在嬰兒床上互相挨著的嬰兒。你們必須躺在地上來完成這個動作。<br>·提示學生們開始。在固定的時間間隔提示他們,以此繼續下去,記得提醒他們年齡間隔,每次提示要等到他們開始說話為止。<br>    1. 你們現在是新生兒,彼此看著對方。像嬰兒那樣蹬一蹬腿,想像在嬰兒床上你們會如何進行交流。<br>    2. 現在你們是長大了一些的嬰兒。用你們的雙手和膝蓋爬行,你們就要學會說話了。<br>    3. 現在你們是學步的小孩兒,剛剛開始學會走路。相互依靠,用嬰兒走路的步伐走路。記住待在自己的泡泡空間裡。<br>    4. 現在你們四歲了,在幼稚園裡,或許你們正在因為玩具而爭吵,也可能你們正在分享玩具。<br>    5. 現在你們 10 歲了。你們該如何表現?你們是最好的朋友。<br>    6. 現在你們是青少年。你們看起來是怎麼樣的?如何行動?怎樣談話?像典型的青少年那樣進行一次交談。<br>    7. 現在你們剛步入成年階段,你們仍然是好朋友。你們已經選擇好了職業——或許相同,或許不同。說出你們的對白,然後相互討論你們的工作。你長得高高的,充滿自信,身體強壯。<br>    8. 現在你們是中年人——感到有點兒累。你們該怎麼走路?你們是不是有點兒超重了?你們是不是超負荷工作了?你們感覺如何?說出你們的對白,繼續交談直到我提示你們為止。<br>    9. 現在你們已經很老了,已經成了祖父母。你們靠手杖走路,你們再也無法像從前那樣看清楚或聽清楚。說出你們的對白。<br>    10. 最後,作為人類,你們的生命已經走到了盡頭。當我提示你們的時候,你們將會安詳地死去,透過躺在地上來完成這個過程。<br><br>報告:快速地討論快進整個變老的過程是什麼樣的感覺。<br>拓展報告:進行延伸討論並抽另外的時間進行寫作。<br>展示:邀請學生來分享一個特定的年齡段的體驗。 |

| | |
|---|---|
| 聲音與運動<br>適合科目：語言藝術；體育；自然科學<br>單人 | **91. 移動它**<br>目標：根據老師指出的方向進行移動，最終回到課桌旁。<br>・當我提示你們移動的時候，你們將走到離你們課桌盡可能遠的地方，然後站住不動。記住要尊重彼此的個人空間。<br>・提示學生遠離自己的課桌。<br>・等待開始的提示。你們將以一種不同尋常的方式回到你們的課桌旁。盡可能密切的跟隨"跟隨它"的提示。<br>- 你可以伴隨你的動作發出任何聲音，但是不可以使用實際的語言。<br>・在你們移動的時候記得要尊重他人的個人空間。如果你不小心闖入了他人的空間，尋找一種不使用實際的語言的道歉方式。<br>・如果學生們仍然躁動不安，重複以上的順序，但使用不同的移動方式。<br><br>展示：如果有學生提出一種十分有創意的移動方式，建議他向大家展示，讓大家分享這種快樂。<br><br>建議的移動方式：<br>1. 像蜘蛛/袋鼠/怪物/蛇/兔子那樣移動。<br>2. 穿過一片茂密的叢林/森林/沼澤/奔騰的河流。<br>3. 在濕滑的冰面/在碎玻璃上/在高溫的煤渣上/在岩質邊坡上/在深深的雪地中行走。<br>4. 背著走，側著走。<br>5. 像你老了那樣行走/像跛子一樣行走/已經斷了一條腿/只有一條腿。<br>6. 加入到其他人一起移動：背對背，臀部對臀部，肘部對肘部。用你的肩膀，肘部，頭部，臀部，鼻子，小指頭指引方向。 |

| | |
|---|---|
| 聲音與運動<br>適合科目：任意科目；體育<br>兩人一組 | **92. 這樣走**<br>目標：重複作為引導者的那位同伴的步態和聲音，並不斷變換引導者。<br>・轉向你的同伴（鄰座的同學、朋友）。<br>・當我給出開始提示的時候，你們兩個都站起來，一個站在另一個的前面。<br>・當我再次提示你們的時候，站在前面的同學開始走動並發出一些滑稽搞笑的聲音，但不能太大聲。向學生示範一下向前進或者拖著腳走，並且每走一步都伴隨著一陣輕輕地吱吱聲。引導的一方必須要有意識地行走——認真思考每一步，要知道每一步該往哪兒走。<br>・站在後邊的同學必須重複前一個人的動作。<br>・你們倆人保持那樣移動直到再次聽見我的提示為止。<br>・然後你們轉過身來並互換位置。現在換另一個人來引導，創造不同的步態，發出不同的聲音。<br>・每次你們聽到提示的時候都必須交換引導者。<br>・你們可以在教室中任意走動，只要你們能做到尊重他人的個人空間（泡泡空間）。<br>・記住保持聲音輕柔，但要富有創意。嘗試每次變換之後使用不同的行走風格。<br><br>報告：詢問學生這個激勵法有趣的地方在哪。<br><br>展示：如果有小組展示出了一個特別有趣的行走與聲音的組合，問他們是否願意在全班進行分享。 |

第三章　嗨起來

| | |
|---|---|
| 聲音與運動<br>適合科目:任意科目;<br>體育<br>小組 | 93. 喧鬧與纏繞<br>目標:四到五人的小組彼此手臂挽著手臂，然後保持這種狀態在教室中走動。<br>·快速將學生分成小組。<br>·當我提示你們開始的時候，你們將圍攏站成一個小小的圈。提示學生們開始。<br>·此時的目標是將你們混在一起。伸出你們的手臂並與他人聯合起來，你可以挽著別人的胳膊或者轉過身挽著他——隨你們怎麼進行纏繞都行。<br>·在這個活動期間你們彼此可以進行小聲地交談。<br>·現在伸出你們的另一隻胳膊並盡可能的彼此纏在一起。<br>·現在你們已經成為一團。你們必須想出作為一個團將要共同發出的聲音，你們有 10 秒鐘的時間來想出你們團的聲音。<br>·一起發出你們團聲音，你們這個團必須在教室中走動30秒。如果你們遇到另一個團，要想辦法怎麼繞過他們。<br>·提示學生們開始。給學生 30 秒時間(或更多)。提示學生們停止。<br>·解開纏在一起的團一步一步地來——最後回到你們的課桌。<br><br>報告:討論以一個團進行移動的困難之處。在現實生活中這種情況會發生嗎？(例如，在擁擠的地鐵站，商圈，機場，在暴亂之中) |
| 聲音與運動<br>適合科目:任意科目<br>全班<br><br>道具:一個信封;足夠所有學生使用的紙條。<br><br>準備:在一些紙條上標記"X"，將所有紙條都裝進信封。 | 94.爆炸<br>目標:投擲並接住一個假想的球，並在給出提示的時候喊出"爆炸"。<br>·這個遊戲需要你們站在課桌旁邊。<br>·我會將這個信封傳遞給你們。取出一張紙條，看一看，但是請記得保密。<br>·記住如果你的紙條上有一個"X"，將紙條藏好。<br>·現在我將要喊出一個名字，並將想像中的球拋給他。那個被喊到名字的同學必須接住這個球，然後喊出另外一個同學的名字並將球扔給他，以此類推。<br>·如果你的紙上有"X"，在你接到球的時候喊出"爆炸!" 每個紙上有"X"的人接到球後都要製造出巨大的爆炸聲並倒在地板上。<br>·你們要停留在地上不能動彈，直到我給出"起來"的提示。然後喊出"爆炸"的那個人再次拋球。<br>·記住，只有一些同學可以喊出"爆炸"。一旦有人喊過"爆炸"他就不能再喊了。因此請大家努力記住哪些人已經接過球，哪些沒有接過。 |

101

| | |
|---|---|
| 聲音與運動<br>適合科目:任意科目<br>全班<br><br>注:令人驚奇的是,這個激勵法對各個年齡段的學生都適用。我們需要不時地喚起童心,並且記住,在每個教室裡都有頑皮小孩的容身之處。 | **95. 老公爵再次到訪**<br>目標:以越來越快的速度站起和坐下。<br>·下面的內容摘自一首流行的兒童詩:<br>    偉大的老約克公爵,<br>    他有一萬子民。<br>    他讓他們走到山**頂**上,<br>    又讓他們走**下**來,<br>    他們一會兒在**上**面,<br>    他們一會兒在**下**面,<br>    當他們在半山腰的時候,<br>    他們不在上面也不在下面。<br>·當唱到加粗強調的單字的時候,學生們站起來或者坐下去,在唱到最後一行的時候,學生們半蹲,然後又站起來,或坐下去。<br>·根據下面的例子改變句子:<br>    曼森小姐三年級的課堂再次躁動不安起來,<br>    因此,她讓他們走到山頂上,<br>    又讓他們走下來,<br>    他們一會兒在上面,<br>    他們一會兒在下面,<br>    當他們在半山腰的時候,<br>    他們不在上面也不在下面。<br>·這是一首動作詩。<br>-我先說一行,然後你們重複它。在不加動作的情況下背誦這首詩。<br>·現在我們跟隨"上"或"下"這樣的字眼進行上下移動。讓我們嘗試一次慢速的。至少要練習一次慢速的。<br>·現在越來越快!在每次重複的時候持續不斷地加快速度。 |

第三章　嗨起來

| 聲音與運動<br>適合科目：衛生與健康；語言藝術；社會課程<br>全班 | 96.走或停<br>目標：根據提示移動，或者在無法移動的時候按提示變成障礙物。<br>·請移動到教室中遠離你課桌的任意地點。<br>·當我給出開始提示的時候，你們要按照我所說的方式移動。例如，我可能會說．"向前兩步"，或者"往側面走兩步"。<br>·這個數字告訴你們應該走多少步。每一步是你們腳的大小的長度。<br>·"側面"和"前面"告訴了你們移動的方向。<br>·你們發現自己被困住了——面向了一面牆或桌子以至於無法按照指示移動的時候——你就成了一個"障礙物"。這意味著你可以在你被困住的地方盡可能佔據更多的空間，並以此阻止他人前行。<br>·你不能去觸摸或抓別人——你只是一個靜止的障礙物。<br>·提示學生們移動。在某個時刻大多數學生都會被困住，難以前行。<br><br>報告：討論在被阻礙的時候感覺如何。<br>移動樣例：<br>數字任意，然後<br>1.　向側邊，向後面，走對角線，向前面。<br>2.　任意組合，例如，兩步向前，一步走對角線。<br>3.　加入其他元素，例如，閉上眼睛，手臂伸向空中，腿部僵硬。 |
| 聲音與運動<br>適合科目：衛生與健康；語言藝術；社會課程<br>全班 | 97. 會面與問候<br>目標：在教室中四處走動，用盡可能不同尋常的方式問候同學。<br>·當我給你們開始提示的時候，你們的任務是在教室中自由地四處移動，並在兩分鐘內盡可能多的問候你們的同學。<br>·但是有一個要求，你們必須用一種不同尋常的方式來問候彼此。你們不能依賴於說"嗨"和揮手。你們的問候必須要有創意。<br>·你們可能會說"喲！"或"哥們兒！"，或者說出一個沒有意義的詞語來代替"哈囉"。<br>·你們可能會碰一碰拳頭作為問候，或者相互擦擦肩，或者鞠躬，或者擺動手指。總之要有創意。<br>·你可以不斷改變問候他人的方式，或者只用一種方法。你自己決定。<br>·提示學生們開始，然後觀察那些具有創意的問候方式，並讓他們稍後進行展示。<br><br>展示：邀請問候和回答得很有創意的學生進行分享。 |

103

| | |
|---|---|
| 聲音與運動<br>適合科目:衛生與健康;音樂;體育<br>個人參與的全班活動 | 98. 如果感到幸福……<br>目標:加入小組一起探索熟悉的音樂"如果感到幸福你就拍拍手"。<br>·回顧一下這首歌:<br>　如果感到幸福你就拍拍手(拍·拍)<br>　如果感到幸福你就拍拍手(拍·拍)<br>　如果感到幸福你就拍拍手呀<br>　看呐·大家一起拍拍手(拍·拍)<br>·我們將像剛才那樣來唱這首歌,但我們要改變一下它。<br>·首先我們想一想我們可能會感受到的其他東西·而不是感到幸福。邀請學生發表建議。<br>·現在我們將用我們新的方式來唱這首歌·並適當加入一些動作。<br>·我們在加了幾節歌詞之後·我們又將從起初的"幸福"開始·並將它們放在一起唱。<br>－這個激勵法成功的關鍵在於快速將情緒或活動與動作連接起來。<br>情緒與動作的樣例:<br>1.憤怒　　　跺跺腳<br>2.疲憊　　　伸一伸雙臂<br>3.孤獨　　　抱一抱自己<br>4.焦躁不安　搖一搖手<br>5.離別　　　揮手告別<br>6.恐懼　　　摸摸你的肚子 |

# 第三章 嗨起來

| | |
|---|---|
| 聲音與運動<br>適合科目：語言藝術；社會課程<br>全班 | **99. 瘋狂亂轉**<br>目標：以各種不同的人格特徵在教室中四處走動。<br>·當我給出開始提示的時候，移動到＿＿＿。指出教室中一塊開闊的空間，或者建議圍著課桌椅小心地移動。<br>·你們將四處亂轉。繞著圈圈走，不能觸碰任何人或侵犯他人的空間。<br>·有趣之處在於你們將聽從我的指示並根據我的示意來走動。伴隨特定的移動方式你們可以發出一些聲音。<br>·例如，如果我說："在高溫的煤渣上行走"，你們可能會快速地抬起你們的腳並喊："哎喲！哎喲！"<br>·當你再次聽到提示的時候，靜止不動並等待下一個示意。<br><br>拓展報告：讓學生們挑戰一種移動方式並拓展到寫作中，例如，寫一個關於那樣子走路的領導者的故事。<br>展示：邀請學生們來展示各種各樣不同的移動方式。<br>移動樣例：<br>在＿＿＿上行走<br>1. 冰<br>2. 碎玻璃<br>3. 雞蛋<br>4. 柔軟的毛皮<br>穿過/走進＿＿＿<br>1. 深水中<br>2. 泥淖裡<br>3. 高高的草叢<br>4. 蛇群中<br>像＿＿＿一樣行走<br>1. 老年人<br>2. 牽線木偶<br>3. 玩具士兵<br>4. 受傷的戰士<br>5. 忍者<br>當感到＿＿＿時行走<br>1. 疲憊<br>2. 極其開心<br>3. 寒冷<br>4. 恐懼<br>5. 生病 |

| | |
|---|---|
| 聲音與運動<br>適合科目：藝術；語言藝術<br>兩人一組或小組<br><br>注：這個活動提供了很好的拍照素材，只要你得到他們的允許，嘗試捕捉這些姿勢，並在之後的討論、寫作、藝術創意課程上將照片打印出來並向他們展示。 | **100. 柯達一刻**<br>目標：自發地創造並保持完美的姿勢。<br>·快速將學生分成四個或五個人的小組。<br>·或許已經聽說過"柯達一刻"，它是指最佳拍照時刻，是人們擺好最佳的姿勢準備被拍下的時刻。自從我們的手機有相機的功能之後，我們更傾向於抓拍動態，這與柯達一刻是不同的，柯達一刻像是對著攝影師擺造型。<br>-你和你的同伴（小組）將有60秒的時間來創造並保持你們最佳的柯達一刻。<br>·接下來是有趣的地方，在你們安排造型之前我將告訴你們應該擺出什麼造型。<br>-你可以和你的同伴們討論"柯達一刻"，但是你們必須進行快速移動。我將在開始前30秒提示你們。<br>·現在，讓我們看看哪一組能想出最具有創造性的姿勢。<br>·活動將在你們的課桌旁進行（在教室後邊，等等）。記住，不要進入別的小組的地盤。<br>·一旦你們擺好姿勢之後，保持好—將它定格。<br>·提示學生開始。<br><br>拓展報告：讓學生挑戰寫出關于"柯達一刻"中的人物（一個故事、一篇新聞報導、一篇日記、等等），或者在網上搜索"柯達一刻"的圖片。<br>展示：請學生們觀看其他人在柯達一刻還沒有定格之前的樣子，或者進入一個新的時刻的樣子。<br>柯達一刻樣例：<br>1. 泰迪熊一家。<br>2. 一群英雄。<br>3. 百萬富翁一家。<br>4. 超模一家。<br>5. 鄉下人一家子（或生活在其他地理條件下的一群人）。<br>6. 一群芭蕾舞者（或者其他種類的舞蹈）。<br>7. 一群學前齡兒童。<br>8. 一群憤怒的罪犯。<br>9. 一群修女和牧師。<br>10. 一個團隊的所有成員（英式足球隊、籃球隊、橄欖球隊）。<br>11. 一群卡通人物（每個學生選擇自己最喜愛的卡通人物）。 |

第三章　嗨起來

| 聲音與運動<br>適合科目：語言藝術；數學；自然科學；社會課程<br>全班<br><br>注：1.這個激勵法鼓勵學生們進行合作和思維發散。2.允許不喜歡被觸摸的學生來當裁判，評判這些形狀是否有效。或者允許每一組有一位設計者，口頭指導其他小組成員。 | 101. 你所在的形狀<br>目標：整個小組成員一起創造出一個特定的形狀。<br>·快速將學生分成四個或五個人的小組。<br>·仔細聽著。當我提示你們開始的時候，你們的小組必須一起行動，將你們的身體作為一個整體來形成一個特定的形狀。例如，如果我說"圓圈"你們可以手拉著手形成一個圓圈。這很容易，但有一些形狀會比較難一點。<br>·你們可以小聲地交流直到完成你們的形狀，然後安靜下來。<br>·在一小段時間之後，我會提示你們停止。如果你們小組還沒有準備好，時間不夠你們更多的花在那個形狀上，因此你們必須快速完成它。<br>·提示學生們開始，並根據任務的進度提示他們停止，根據需要盡可能少使用或多使用形狀。<br><br>報告：討論這個活動是簡單還是困難，以及其中的原因。討論在現實生活中我們作為整體的一部分的時候，比如：團隊運動。<br><br>形狀樣例：<br>1.　正方形，圓形，三角形，長方形，六角星形，五角星形。<br>2.　樹，房子，小船，金字塔，汽車，火車，飛機。<br>3.　動物，比如，大象，袋鼠。<br>4.　交通工具，比如，貨車，火車，輪船，吉普車。 |

| | |
|---|---|
| 聲音與運動<br>適合科目:語言藝術;自然科學;社會課程<br>全班<br><br>注:起初這個活動看起來只對年齡小的學生有吸引力。事實並非如此，老師的熱情是保證它成功適用於所有年齡段學生的關鍵。畢竟，每個人都有歸宿感，有時候至少作為一個追隨者。 | **102.吹笛手**<br>目標:追隨領導者。<br>·讓全部的學生站成一條直線。隨意挑選一個學生站在最前面。或者你自己挑選一個學生作為第一個吹笛手。<br>·你可能聽說過"花衣魔笛手"的故事。我們將借這個故事的靈感進行遊戲。<br>·我們將在教室中一直追隨著吹笛手，做他所做的事情，發出他所發出的聲音。<br>·不要觸碰到彼此。僅僅觀察,聆聽和模仿。<br>·每隔幾秒鐘我將給出停止的提示，然後你們所有人都凍結起來。<br>·接下來我會觸碰一個同學的肩膀，然後他成為新的吹笛手並移動到最前面來。<br><br>運動樣例:<br>1.跳躍,單腳跳,滑動,滑冰,進軍(不同的速度),像嬰兒一樣走路(不同的速度)。<br>2. 鼓掌,交替抬起手臂,飛翔。<br>3. 交叉雙臂,直直地向前,仰著頭走。<br>4. 在雙膝上,在雙手和膝蓋上。<br>5. 豎向變化:高高地向上,向下壓低身體。<br>6. 在運動時加入歌謠或者沒有意義的詞彙,哼唱熟悉的調子。 |

# 第三章　嗨起來

| | |
|---|---|
| 聲音與運動<br>適合科目：語言藝術；數學；自然科學；社會課程<br>兩人一組或小組 | **103. 發射！**<br>目標：尋找一種方式說出並展示出"發射"。<br>·將學生安排為兩人一組或三四人的小組。<br>·安靜地和你的同伴/小組坐在一起並等待指示。<br>·我們都聽過"發射"一詞。它通常在倒計時的最後：……4,3,2,1,發射！<br>·你們組必須用不同的方法來說出"發射"。你們將會進行倒計時並用新詞來替換這個詞，然後跟著新詞告訴你的內容做。<br>·例如，如果你決定用"快速臥倒"來替換"發射"，你必須臥倒在地板上。<br>·你們所想出的話語和動作不一定要是消極的反應。換言之，在倒計時的最後，或許你可以喊出"擁抱你旁邊的人"。在倒計時的最後，它可以是你所想的任何事情。<br>·在我給出開始提示之後，你們有兩分鐘的時間來思考你們將要說什麼和做什麼。如果在兩分鐘結束之後都還沒有想出來，就使用最初的"發射"。<br>·在計劃時間的最後，我們將一起倒計時。每一對或每一組將同時說出和做出各自的新詞。<br>·在學生們各自行動之前，確保他們一起進行倒計時。最後一次展示時可能相當吵鬧卻富有創意。<br><br>報告：這個激勵法引導出有關期待的討論，以及我們如何從特定的話語和行動中期待特定的結果。<br>展示：如果時間允許，邀請每一對或每一組進行展示。<br><br>替換"發射"的樣例：<br>1.快速臥倒。<br>2.小心手雷。<br>3.平躺在地。<br>4.護住頭部。<br>5.潛入水中。<br>6.擁抱你的鄰友。<br>7.跳一支舞。<br>8.優雅地坐下。<br>9.唱一首歌。 |

| | |
|---|---|
| 聲音與運動<br>適合科目:語言藝術；<br>任何詞彙課<br>兩人一組或小組 | 104.單字拼寫鏈<br>目標:從前一個單字的最後一個字母開始,拼寫出一個新的單字。<br>·透過這個遊戲,你們可以幫助彼此成為更好的拼字者和快速思考者。<br>·我將說出一個主題,然後你們組的第一個人將會說出一個和這個主題有關的單字並拼出這個單字。<br>·然後下一個人必須圍繞那個話題想出一個單字,並且這個單字要以前一個單字的最後一個字母開頭。這個同學要說出這個單詞並將它拼寫出來。<br>·例如,如果主題是食物,第一個人說出"Bread(麵包)"並拼出"b-r-e-a-d"。下一個人可能會說"Donuts(甜甜圈)",因為d是"Bread"這個單字的最後一個字母,是"Donuts"的首字母。<br>·這不是一個競賽,因此你們一定要互相幫助。看看你們能在規定的時間內透過多少個單字。<br>·根據目前正在學習的課程提出一個主題。 |

| | |
|---|---|
| 聲音與運動<br>適合科目:語言藝術<br>全班<br><br><br><br>道具:選擇一篇易於閱讀的短文。<br><br><br><br><br>準備:在班上念過的故事或詩歌中選出一篇文章進行朗讀,或從任何的學科教材中選擇,只要選擇相對容易閱讀的內容即可。 | **105. 跟著節拍朗讀**<br>目標:跟著特定的節奏朗讀短文。<br>·我們將圍繞節選的短文做一些有趣的事。指出你所選擇的文章並讓學生們翻開書找到它。<br>·我將透過拍手來設定一個節奏,就像這樣(示範)。設置一個穩定的拍打節奏。<br>·然後我會讓主動閱讀的同學跟著這個節奏進行朗讀。<br>-向學生展示如何跟隨每個節奏說出一個單字。"狗追著貓跑"將會念成"狗-追-著-貓-跑"(教師示範)。<br>·當然在我改變節奏的時候才更有趣。朗讀者將會改變他們的閱讀方式來跟上我的節奏。<br>·用不同的節奏再次向學生們展示:使用"慢-慢-快-快-快"這樣的節奏,這句話就應該念成"狗—追—著貓跑"。<br>·邀請主動閱讀的同學來朗讀。如果沒有學生舉手,老師挑選出朗讀者,先選用最好的朗讀者。<br>·記住這僅僅是為了好玩,因此讓我們一起為朗讀者打節拍並鼓勵他們。<br><br>報告:這個活動很好地打開了關於演講、閱讀、歌唱風格的討論。<br><br>節奏樣例:<br>1.改變速度。<br>2. 改變音量:輕柔的、響亮的。<br>3. 拍掌,讓後緩慢地分開雙掌:在緩慢分開雙手的最後讀出單字。<br>4.混合節奏,例如,慢——快——慢——快;快——快——快——慢。 |

| 聲音與運動<br>適合科目：語言藝術；自然科學；社會課程<br>全班 | **106.蜂鳥與烏鴉**<br>目標：像蜂鳥和烏鴉那樣移動和發出聲音。<br>·站在你的課桌旁邊。<br>·當我提示你們的時候，你們所有人都將變成蜂鳥。蜂鳥們會很快速地揮動它們的翅膀並發出嗡嗡聲（老師）給學生展示一下，手搭在肩膀上，快速地上下移動你的手肘，並發出嗡嗡聲。蜂鳥們必須快速揮動它們的翅膀以此讓它們看起來處於靜止的狀態。<br>·當我再次提示你們的時候，你們將變成烏鴉。烏鴉是一種大的，聒噪的鳥，會發出"呱呱"的鴉叫聲（老師）給學生展示一下烏鴉的樣子：張開手臂，大幅度地，緩慢拍打翅膀，並發出刺耳的鴉叫聲。<br>·你們會跟著我的提示在蜂鳥和烏鴉之間不停地變換。如果你想的話可以離開你們的課桌。<br>·提示學生們開始並每隔幾秒鐘換一種鳥。 |
|---|---|
| 聲音與運動<br>適合科目：語言藝術；自然科學；社會課程<br>全班<br><br>注：告知學生，如果他們因領導者的要求感到不適，有權選擇不參與活動。 | **107.同廠製造**<br>目標：模擬機器人並跟隨領導的機器人。<br>·站在你的課桌旁。當我提示你們開始的時候，你們將成為機器人，並且你們將和機器人領導者進行同樣的動作。<br>·起初，由我來作為機器人的領導者。但是我會透過觸碰同學們的肩膀，讓他們成為領導者。<br>·以某種方式移動並發出特定的聲音，這由機器人領導者自己決定。其餘人將完全複製這些動作。<br>·記住你們現在是機器人，不是人類或者其他生物。要表現得僵硬一些，像機器人一些。<br>·透過做出典型的機器人的手臂動作和僵硬的行走幾步來引導學生，然後選出另外的領導者。<br><br>機器人的動作與聲音樣例：<br>1. 緩慢地運動頭部，扭轉軀幹，彎腰。<br>2. 停止在步伐中間。<br>3. 同時抬起一條腿和一隻胳膊。<br>4. 腿直直地行走，向前進，滑行。<br>5. 發出嗶嗶聲，發出呼呼聲，發出噓噓的聲音，發出爆裂聲。 |

# 第四章　交流起來

這一章的三分鐘激勵法將以"溝通交流"為主題。本章共分為三個小節：單字與聲音、對話和腦力激盪。這三個小節中的所有活動都要求學生使用言語和非言語的資訊進行表達和解釋。小節之間在交流的複雜性與所要求的發散性思維程度上會有所不同。所有的活動都以兩人一組或以團隊合作的方式進行，少數的活動需要紙和書寫工具作為道具。

> 交流的藝術即是傾聽與被聽的藝術。
> ——威廉黑茲利特

## 單字與聲音

這一節中的激勵法要求同伴合作。在很多情況下學生們要與周圍的同學或附近的小組用某種方式進行快速的交談。大多數時候，這些激勵法會涉及個人在整個小組的保護範圍中與自己對話或和自己進行交流。儘管每個學生都是完全獨立的個體，但他們仍然是作為小組的一部分，來參與到以發聲為目的的各種趣味活動。

這些激勵活動包含了大量的認知能力、創造力和短時記憶。此外，活動鼓勵社會建構或向同伴學習，這對於不能流利地使用一種語言或不善交際的同學來說，能夠從與同伴互動中受益，非常有益於建立多樣化的課堂模式。

1. 在這些活動中，基本的讀寫能力以一種令人愉快的、激勵人的、幾乎神奇的方式發揮作用——另外，活動期間允許和鼓勵學生進行交談。是不是很有趣呢？

2. 這些三分鐘激勵法中的大多數能夠從任務報告中受益。

3. 這一節中的大多數活動能夠完美地將學生引入深層次的單個任務,如寫作或調查。

> 這些激勵法在用於學生們躁動不安,無法將思緒集中在所學課程中時,效果顯著。例如,在學生們觀看視頻時,在閱讀故事時或在藝術課上的時候。或者,將其用在如寫作任務或數學作業等需要更多集中力,認知力的任務之前亦可。

| 單字與聲音 | 108."喋喋不休" |
|---|---|
| 適合科目:任意科目 | 目標:在整整 60 秒時間內一直不停地談論任何相關的事情。 |
| 個人參與的全班活動 | ·這個活動用在學生們過度閒聊之後很有效果,因為它能夠在學生自己的遊戲中將他們打敗。 |
| | ·你們看起來需要一些閒聊的時間。好,現在你們正好有一分鐘的時間來閒聊。 |
| 注:在我的經驗中,停止提示發出後,沒有學生會繼續說話。在你邀請他們進行閒聊的時候他們會感到驚奇,隨後他們會很樂意遵守這個要求。 | ·在這整整一分鐘的時間裡,你們必須一直不停地講話,但是當我提示你們停止的時候,立刻停止並面向我。 |
| | ·記住——當我說"開始"的時候,你們每個人必須講話,所有人將會同時講話。記住你們必須一直不停地說滿一分鐘。最後你們會驚訝一分鐘竟然如此長。 |
| | ·你可以說一些有意義的,沒有意義的,或者胡言亂語。把你能想到的所有東西告訴你的同伴。 |
| | ·開始! |

| | |
|---|---|
| 單字與聲音<br>適合科目：詞彙課；語言藝術<br>個人參與的全班活動<br><br>注：這個活動與"喋喋不休"相似，但要求學生使用含混不清的語言代替具有實際意義的語言；相比"喋喋不休"，這個活動對於難以持續不斷談話60秒的年齡較小的學生效果會更好。 | **109. 胡言亂語**<br>目標：一直不停地胡言亂語120秒。<br>・我們都知道胡言亂語是什麼——那些偽裝成話語的沒頭沒腦的無意義的聲音。舉一個例子：提供一系列含混不清的聲音，例如，"咿咿呀呀呼哈哈"。<br>・當我提示你們開始的時候，轉向你們的同伴並以胡言亂語的方式向你的同伴說一些什麼，然後你的同伴以同樣的方式回復你。<br>・在這兩分鐘裡，嘗試將對話變成一個有邏輯的談話。<br>・請大家仔細留意非語言的交流——胡言亂語時所伴隨的肢體語言。在話語毫無意義的情況下，肢體語言會告訴你們更多關於你們正在談論的內容。<br>・提示學生開始。在一旁看和聽學生的表現，並在適當的時間提示學生停止。 |

| 單字與聲音 | 110. 奧斯卡 |
|---|---|
| 適合科目：語言藝術（語音意識）<br>個人參與的全班活動<br><br>道具：節選一篇短文。<br>準備：節選一篇短文：圖畫書的一部分、詩歌的一部分、教材或小說的一部分——無論你想選什麼，內容是什麼不重要。<br>注：這個活動受到所有年齡段學生的喜愛。"Oscar"(奧斯卡)這個單字是一個有趣的容易說出來的單字，所有年齡的學生都喜歡喊出這個詞；然而，可以使用任何單字。 | 目標：每次當你聽到單字或聲音的時候，說出"Oscar(奧斯卡)"。<br>·舒服地坐在你們的課桌旁，雙腳放在地上，面對我。不要沒精打采懶散著，因為你們需要非常的警覺。<br>·我將朗讀＿＿＿（指出文本）。<br>·每當你們聽到一個單字開頭是發"S"音的時候（以 ing 結尾的詞，或與 at 連音的詞，等等）你們必須喊出"Oscar(奧斯卡)!"<br>·選擇適合學生聽的文本時，要考慮學生的年齡、學業水平，以及能力。<br>如果需求強調特定的學科術語（如，等腰的、等邊的、生態系統、解放），用那個術語來代替"Oscar(奧斯卡)"。要增加難度的話，最簡單的就是修改學生們必須聽到的內容：如，當你聽到任何與生態系統有關的單字的時候喊出"生態系統"。 |

第四章　交流起來

| 單字與聲音<br>適合科目:詞匯課;語言藝術<br>單人的<br><br>注:1.除了作為激勵活動之外,唱誦活動能夠活躍我們的精神中心,讓更多學生集中起注意力。唱誦的內容是什麼不重要,只要是以歌唱,跟隨旋律的方式唱出來,你的心就會更加明亮,情緒更加積極。<br>2.從核心課程中選擇單字(如 ·equilateral, dinosaur),這是增強詞匯,拼寫,語音意識的一種有趣的方式。 | 111.互動式單字<br>目標:將單字打亂成部分之後來唱誦單字。<br>·在黑板,或互動式白板上寫下一個稍微長些的單字。<br>·照我說的做,然後將單字的不同部分以唱誦的方式念出來。<br>·這是一個唱誦活動。重複念這個單字,每次念的時候去掉開頭的那個字母:<br>例如,<br>SPAGHETTI<br>PAGHETTI<br>AGHETTI<br>GHETTI<br>HETTI<br>ETTI<br>TTI<br>TI<br>I<br>4. 寫出其他的單字並邀請不同的學生來引導進行唱誦。<br><br>唱誦的單字樣例:<br>1.Everybody, Shampoo, Molasses, Opportunity, Communication, Noisily,Scrappy, Nincompoop, Grandmamma, Doodlebug.<br>2.學生的名字,如 ·Tony念為 Tony, Ony, Ny, Y。 |
|---|---|
| 單字與聲音<br>適合科目:數學<br>個人作為班級的一部分 | 112.報數<br>目標:一次一個學生,盡可能往上數數。<br>·舒服地坐在你們的課桌旁,雙腳放在地板上,眼睛看向前方。<br>·整個班級為一個單位,要盡可能的向上數數。聽起來是不是很容易?你們認為最多能數到哪兒?(老師)徵集學生的反應。<br>·但接下來是棘手的部分。每個人都可以說出一個數字,但是如果有兩人或多人同時說了同一個數字,我們就必須全盤重來。<br>·你們可以轉過身去,那樣就可以看到每一個人,但是要保持在你們的座位上。仔細地看著聽著,看看是否有兩個人同時說出了一個數字。<br>·在你們說數字的時候,間隔不能超過三秒。<br>·開始報數。<br>·這個活動相當具有挑戰性。在你說出一個數字的同時,別人不會跟你說相同的數字,這是相當困難的。很多輪都沒有超過 5 或 6。 |

117

| | |
|---|---|
| 單字與聲音<br>適合科目：語言藝術（語音意識）<br>個人作為班級的一部分<br><br>注：盡管這個聲音混合的遊戲更適合年齡小的學生，令人驚奇的是它同樣適用於年齡大一些的學生，尤其在使用長的、有趣的單字時。下面是根據難度劃分的建議使用的單字。 | 113."三呼萬歲"<br>目標：將單字的部分拼湊成一個完整的單字，並像喝彩那樣快速地重複三遍。<br>・這個遊戲中我們每個人都會喊"萬歲，萬歲，萬歲"，並在空中揮動雙臂。立刻讓我們來試一試！<br>・現在舉起一隻手臂揮動三次，就好像在歡呼"萬歲，萬歲，萬歲"，或像歡呼了三次，像喊" 好啊！好啊！好啊！"一樣。如有需要給學生演示一番。<br>・我將給你們一個長的單字，但是我會將它們分開慢慢地說出來，像這樣：Ca-ter-pil-lar。念的時候拖出音節並將音節完全分開，這樣學生們就必須在頭腦中將這些音節組合起來。<br>・快速地在你們的腦海裡將這些音節組合起來，這樣你們就明白這個單字到底是什麼。然後像喝彩一樣將這個單字說三遍。<br>・當你們已經完成了三次複述之後，喊出"萬歲，萬歲，萬歲！"並將你們的手臂揮動起來。<br>・Ca-ter-pil-lar　應該這樣念："CATERPILLAR! CATERPILLAR! CATERPILLAR! HIP-HIP-HOORAY!( 萬歲，萬歲，萬歲 !)"<br><br>拓展報告：針對年齡大一些的學生使用這個活動的時候，讓他們寫下一組他們喜歡的單字，並且在" 斷詞認字課程"結束之後，討論單詞的意思並將它們運用在句子中。<br>簡單字彙：<br>Multiply  Banana  Paper  Winter<br>Family  Dinosaur  Happy  Butterfly<br>Communicate  Woman  City<br>Alphabet  Kindergarten  Summer<br><br>稍難的詞彙：<br>Personification  Monologue  Serendipity  Trajectory<br>Appaloosa  Periodical  Misdemeanour  Precipitate<br>Conundrum  Onomatopoeia  Derogatory  Rigmarole<br>Cybernetics   Objectionable  Vestibule       Personification |

| 單字與聲音 | 114. 一起吟誦 |
|---|---|
| 適合科目：衛生與健康；語言藝術<br>個人作為班級的一部分<br><br>道具：短文或詩歌<br><br>準備：選擇適合吟誦的文章，將它們放在學生可以看到的地方。<br><br>注：吟誦是一項廣為人知的放鬆方式。據說它能讓人自信、愉快、感到滿足，並且能夠建立良好的聯系——在課堂中吟誦再好不過了！ | 目標：與同伴一起吟誦簡單的詞彙或文本。<br>·坐直身體，雙腳放在地上，眼睛看著我。<br>·不要依靠在你們的椅背上，要坐得直直的。<br>·我們將要一起來吟誦。<br>·如果學生能夠自己閱讀，將吟誦的內容放在投影幕布上或者交互式白板上。或者，使用"我說一句，你們說一句"的方式，重複吟誦幾遍直到學生能夠記住為止。<br><br>報告：邀請學生來說一說為何吟誦具有讓人平靜下來的作用。<br><br>吟誦內容樣例：<br>1. 我慢慢地走，我慢慢地了解，我慢慢地長大——慢慢的！慢慢的！慢慢的！<br>2. 我閉上我的眼睛，我關閉我的耳朵，我對傷害和恐懼說"good-bye（再見）"。<br>3. 我停止頭腦中焦慮，用平靜填滿心胸。我閉上了我的雙眼，看見美麗。我深深地呼吸，我將無比平靜。<br>4. 一、二、三、四，我在數數，我在恢複平靜。五、六、七、八——放鬆、平靜，一遍又一遍。<br>5. 小雨滴答滴答落下來，讓一切再次變得幹淨。溫柔地、緩慢地落下來，落在四處亮眼的水窪裡。 |
| 單字與聲音 | 115. 動物農場 |
| 適合科目：自然科學<br>個人作為班級的一部分<br><br>注：使用這個活動的另一種方法是，讓學生們選擇一種他們最喜愛的動物，並用這種動物的聲音歌唱。或者用動物的聲音閱讀一篇簡短的文章。 | 目標：使用動物的聲音加入整個班級的動物大合唱。<br>·我們將舉辦一次動物大合唱。<br>·將全班平均分為四到五部分(如，以桌子或行數來劃分)，並指定每一組成為下面這些動物：奶牛、小雞、鴨子、馬、驢、豬、狗、貓。<br>·首先我們要練習一下這些動物所發出的聲音。每一組作為一個整體，發出適當的聲音。<br>·你們都熟悉這些調子，選擇你們熟悉的旋律，比如"小星星""叮叮噹""兩隻老虎"等等。<br>·現在我們要跟著旋律來發出動物的聲音。先一次一個組進行，然後大家一起來。<br>·先讓每一組用動物的聲音跟隨旋律唱一行，然後所有組一起唱。 |

| 單字與聲音<br>適合科目：語言藝術<br>個人作為班級的一部分<br><br>道具：缺少標點的句子（隨意選擇）<br><br>準備：選好句子，將它們放在投影幕布上、交互式白板上，或者將準備好的資料發到學生手中。 | 116.打上標點！<br>目標：成為一段文本或閱讀材料的標點符號。<br>・在黑板上、投影幕布上，或互動式白板上寫一句含有各種標點符號的句子。例如，一個男孩紅著臉大喊："我的球在哪兒？"<br>・整個班級一起來識別這些標點符號。<br>・我們將成為這句話的標點符號。我們需要用聲音或動作來代替每一個標點符號。<br>・想一想連環畫中寫下的行動詞語，像"Boom(爆炸)"或者"Smash(粉碎)"。我們將成為不同的標點符號的行動詞語（老師）用下面的例子向學生展示一下。<br>・現在，我們每次需要一個標點符號，你們將發出相關的聲音，做相應的動作。<br>・在練習一輪之後，在班裡與學生分享這個句子，無論學生們最後呈現出的水準如何。用打標點的形式鼓勵學生進行口頭和肢體的互動。<br><br>這個男孩(發出吱吱聲)紅著臉(吱吱聲)大喊(吱吱聲；哢嗒聲)我的球在哪兒(喔喔喔；哢嗒聲)<br><br>標點符號樣例：<br>1.句號=拍一次手。<br>2.逗號=發出吱吱聲。<br>3.問號=發出"喔喔喔"的聲音，或者手指在空中打轉轉。<br>4.問號=敲兩下手指。<br>5. 感嘆號=大喊"嘣！"或者將拳頭打在手上。<br>6. 冒號=發出"嗶嗶"的聲音。<br>7. 分號=發出"嗶嗶，啊哈哈哈哈"的聲音。<br>8. 縮略符號=發出"嗚嗚嗚嗚嗚"的聲音。 |

| | |
|---|---|
| 單字與聲音<br>適合科目：任意科目；自然科學<br>個人作為班級的一部分 | **117. 爆米花**<br>目標：輕輕地蹦跳並發出輕微的爆裂聲，就像爆米花在爆裂時發出的聲音。<br>·在整個活動期間，要坐得直直地並保持將雙腳放在地板上。<br>·你們將成為爆米花機裡面的爆米花。<br>·當我提示你們開始的時候，機器開始炮製爆米花：從你們的椅子上輕輕地蹦一下，同時發出輕微的爆裂聲。<br>·起先我們都蹦得比較慢，就像爆米花機剛剛啟動時那樣。<br>·然後當我提示你們的時候，我們將逐漸越來越快，越來越大聲。<br>·在你們炮製爆米花的時候，盡量把細小的玉米制作成膨脹的爆米花。<br>·(老師)在一旁提示學生加快速度，提高音量。 |
| 單字與聲音<br>適合科目：任意主題活動；語言藝術；數學<br>兩人一組 | **118. 字母表金字塔**<br>目標：按字母表的順序來思考單字。<br>·面向你的同伴坐在椅子上。<br>·你們將輪流著講話。<br>·我將給出你們談論的內容。你們必須圍繞那個主題交談，但是你說的每個單字必須以字母表順序中的下一個字母作為開頭。<br>·例如，你可能會以"Apple(蘋果)"作為開頭，那麼你的同伴可以說"Banana(香蕉)"，然後你可以說"Cake(蛋糕)"，以此類推。<br>—接下來是關鍵所在——你們的單字必須能夠構建成一個金字塔。你每次使用一個單字，要將它們像金字塔那樣疊起來。<br>—例如以"Apple"開始，接著是"Banana, Banana" "Cake, Cake, Cake"然後"Donut, Donut, Donut, Donut(甜甜圈)"，以此類推。<br>—你們所說的每個單字都必須符合我所給的主題。我剛才分享的這些單字是什麼主題？(食物)<br><br>主題樣例：<br>學校　　　　　　　家庭作業<br>暑假　　　　　　　森林/山，海洋/湖泊<br>我最喜歡的東西　　河流<br>兄弟或姐妹　　　　任何正在學習的主題 |

第四章 交流起來

121

| 單字與聲音<br>適合科目:數學<br>全班或小組<br><br>注:對於年齡小的學生,可以使用一些簡單的條件將活動簡化:隔一個人拍手,數字中帶2的拍手(而不是2的倍數)。 | **119. 為"3"拍掌**<br>目標:口頭上維持一個序列,但要在每個含有3,或以3結尾的數字,或者3的倍數時拍手(如,3、6、9……或30、31、32……或43、53、63……)<br>·這是一個數字遊戲。我們將從教室的一側開始並依次數數。但是挑戰來了!你們不能說3這個數字,或者任何3的倍數(6、9、12等等)。當你們遇到這些數字的時候以拍手來替代。<br>·例如,像這樣:1、2、拍手、4、5、拍手、7、8、拍手——等等。<br>·接下來這裡才是真正令人興奮的地方。如果一個數字含有3,你也必須為這個3拍手一次,例如,你必須為31拍手一次。<br>·這個遊戲中沒有勝出者或失敗者。我們大家一起努力,看看我們究竟能數多快。 |
|---|---|
| 單字與聲音<br>適合科目:語言藝術;數學<br>兩人一組<br><br>注:可以透過設定單詞的主題增加難度;例如,所有單字必須和核心學科單元的學習相關。這對於加強特定學科的詞彙學習很有幫助。 | **120. 編號的字母**<br>目標:透過特定的字母快速聯想到一個單字。<br>·我將以一個單字和一個數字開始這個遊戲。你和你的同伴必須說出一個以特定字母為開頭的單字。但是你們首先得弄清楚那個字母是什麼,透過數所提供的單字的字母來確定。<br>·例如,我說"School 和 3",你和你的同伴必須出以"School"的第三個字母開頭的單字——即以 h 開頭的字母。<br>·訣竅是要盡可能快。不能重複,不能含糊不清或者猶豫不決。如果其中一人出錯,那麼另一人則為這一輪的勝出者。重新開始並繼續下去,直到我提示你們停止。 |

| | |
|---|---|
| 單字與聲音<br>適合科目:任意科目<br>個人作為班級的一部分 | 121.快速接住<br>目標:拋擲和接住一個假想中的物體。<br>·這個遊戲需要我們密切關注彼此,因為我們將在班上拋擲並接住一個假想中的物體。<br>·你可以在你的腦海中決定它是什麼物品。它可以是任何東西:一個小小的球、一個足球、一把劍、一塊大理石、一架紙飛機、一個沉重的鋼球、一個保齡球、一支鉛筆——無論什麼你能想到的東西。<br>·在你拋擲自己的物體之前,你要先接觸別人扔給你的東西。確保你要做出接住這個動作,無論別人說他扔給你的是個什麼東西。在你接到這個物品之後,說:"接住了!"<br>·然後你必須說出你要扔的對象的名字,並且快速地說出你扔的是什麼。例如:"保羅,接住飛盤。"<br>·這個遊戲的有趣之處在於我們必須合作一致。這意味著我們必須記住已經扔給了哪些人,接下來又該扔給誰,直到每個人都輪過一次。<br>·快速思考你可能會扔什麼。當然你們可以一直都扔球。<br>—我要開始了。我把雞蛋扔給___(說出班上一個學生的名字)。為了不讓雞蛋破碎,他必須小心翼翼地去接它。當他接住之後,他應該說:"接住了!"然後他說出一個名字,並扔出一個不同的東西。<br><br>報告:快速討論什麼比較容易接住,什麼東西比較難接住。 |

## 對話活動

這一節中的三分鐘激勵法要求學生們一起合作，透過快速回應老師的提示，以一種不同尋常或規定的方式開展交流。在某些情況下，這些對話會進一步引出其他活動，例如按照口頭指令行動。在所有情況下，這些對話都涉及快速思維、仔細聆聽、組織能力以及溝通技巧。

這些激勵法引導學生關注各種溝通方式——多媒體的、文本的、視覺的，以及不同文化之間的溝通方式，如不同的方言和語言之間的溝通交流。這些任務讓學生以一種快速的、充滿樂趣的、集中精力的方式去探索不同的溝通技巧。

> 直接對話能夠引發辯證思考，激發人們不斷創新，以及增強理解力。

1. 這些激勵法是各類日誌、後續寫作和討論極佳的出發點。事實上，許多激勵法給學生們留下了看待日常生活的新視角，同時為他們提供了許多解決問題的思路。自然而然地，這些思考能夠拓展成為一堂課。

2. 由於所有這些活動都涉及與同伴合作，引入不同的分組方法可能是一個不錯的主意。而不總是讓學生與"你身旁的人"組成一隊，嘗試一下"每隔兩個人"或者"課桌對面的人，或這一排對面的人"。要記住任何分組的舉動都可能幹擾到三分鐘的時間限制。(更多分組方式見 14 頁)

3. 大多數活動不需要道具和前期準備。

4. 大多數激勵法涉及對話，對話的主題將由老師提供。由於沒有人總是能夠臨場發揮他們的創造力和聰明才智，我提供了一系列話題，這些話題可以用在這一節中的任何活動中。

## 話題樣例

1. 週末活動。
2. 讓人無法忍受的事。
3. 最喜歡的動物、食物、運動、卡通人物、人、地方等。
4. 你現在感覺如何。
5. 什麼讓你感到快樂、憤怒、悲傷、興奮、充滿希望、飽受挫折，等等。
6. 討論：最近讀的故事、一個課堂活動、一次野外旅行，等等。

7. 根據任何學科正在學習的單元進行討論。

8. 當你長大了⋯⋯

9. 你第一次看醫生、看牙醫、見到學校護士、校長等的經驗。

10. 主題相關的話題，例如：學校、生態系統、空間、團隊運動、運動、營養、電子遊戲、家庭作業、運動、兄弟姐妹、父母、服裝和時尚、科技(智能手機、電腦、平板電腦等)。

| 對話<br>適合科目：語言藝術、音樂、社會課程<br>兩人一組<br><br>注：<br>1.唱歌不僅有助於增強教室中的幸福感，並且能夠讓學生安定下來並調整學生的注意力。2.即使有學生口頭表達比較困難(如口吃者)，研究發現，歌唱能夠幫助他們更有效地進行溝通交流。 | 122. 以歌代話<br>目標：僅僅使用歌曲或旋律進行交流。<br>・坐在你的課桌旁，面對著你的同伴，雙腳放在地上，雙手放在大腿上。<br>・你們倆將進行一次談話，但是完全以歌曲的方式進行。你們可以交流任何你們所想的，但是你們必須把它唱出來。<br>・我將給你們一個談論的話題。<br>・記得要輪流"唱著說話"。<br>・(教師)以一首歌做示範。如果你自己不夠具有創意，就用像"三只瞎老鼠"這樣簡單的曲調。下面這些文字能夠合上"三隻瞎老鼠"的旋律：<br>你們所有人，<br>是的，你們所有人，<br>將用歌曲進行交談，<br>在可愛的、可愛的歌曲中，<br>談論你們上星期六做了什麼，<br>或者甚至是星期天做了什麼。<br>用歌曲談論你們的週末。<br>現在開始唱歌！ |

| | |
|---|---|
| 對話<br>適合科目:衛生與健康;社會課程<br>兩人一組或小組<br><br>注:這個激勵法強調了移情這一核心的人類特質,儘管不可能將它完全地進行開發,但它往往是通向慈悲行為的第一步。 | **123. 我是你**<br>目標:同伴之間站在對方的角度開展一場對話。<br>·如果可以很容易地將學生分成不同的小組,用之;否則,權宜之計還是採用兩人一組。<br>·你和你的同伴(小組成員)將進行一場對話,但你必須得像你真的成了你的同伴那樣說話。選出兩個學生進行演示。<br>　我是博比(瓊說)。我喜歡打曲棍球,並且我很擅長它。<br>　我是瓊(博比說)。我很擅長學習。<br>　(瓊說)有一天我會成為一個有名的曲棍球明星。<br>·我會給出你們討論的內容。你們會討論喜歡什麼,不喜歡什麼,甚者是你們所厭煩的事情,但是不要給出負面評價——此處只有積極的評論。記住你現在是另一個人。<br><br>拓展報告:這是一個在之後可以進行長期討論的活動。討論有一個人在你的對面,他成了你,談論你好的一面,這是一種什麼樣的感覺。在日記中記錄你所瞭解到的自己。 |

| | |
|---|---|
| 對話<br>適合科目:任何主題;語言藝術<br>兩人一組或小組 | **124.按字母表說**<br>目標:進行一個對話,在這個對話中每個句子都要以字母表中的下一個字母作為開頭。<br>·在這個遊戲中你需要一個字母表。給每個學生提供一個字母表,或將字母表掛在牆上。年齡大一些的學生記住字母表是有必要的。<br>·我將告訴你們談論什麼,然後你和你的同伴圍繞這個話題進行討論。每個人必須說出一個完整的句子。句子第一個單字的首字母必須以字母表中的下一個字母作為開頭。例如,以家庭作業為主題:<br>A lot of kids hate homework (許多孩子都討厭家庭作業)<br>But I am not one of those kids. (但我不是他們中的一個)<br>Can you tell me why? (你能告訴我為什麼嗎?)<br>Don't know! (我不知道)<br>Every time I get homework, I hate it.(每次收到家庭作業的時候,我都很討厭它。)<br>·如果有人不能在幾秒鐘內想出一個句子,那麼他就出局了。你們中會有一個最終的勝出者,或者你們所有人能夠完全透過字母表。<br>·這是你們的話題。從 124 頁選擇一個話題。<br>·把這個活動挑戰性的一面省略掉,這個遊戲就變得完全具有合作性。對於年齡小的學生來說,可以僅僅根據主題說出單字,或者不圍繞主題說出句子,這樣可以簡化這個遊戲。<br><br>展示:如果兩個學生在整個班級面前面對面的嘗試這個遊戲,能夠讓大家聽到和欣賞,這會很有趣。選擇一個好的主題也會讓場面更加有趣。 |

| 對話<br>適合科目:任意科目<br>兩人一組 | 125.慢動作<br>目標:進行一個對話,對話過程中要不斷地在快速交談與慢動作之間切換。<br>·這是一個談話遊戲。<br>·你和你的同伴將圍繞我提供的主題進行討論。<br>·遊戲令人著迷之處在於,你們要麼非常快速地進行談話,仿佛你們正在快進。要麼就得非常緩慢地運動。<br>·當你們聽到我的提示時,你們會由一個人變為另一個人。<br>·當你聽到提示時,是誰在說不重要。繼續談話,但是要改變速度。<br>·記住在一場好的談話中,兩個人都有說話的機會。<br>·給出話題(見124頁所建議的話題)並提示學生們開始。<br>·每幾秒提示學生們改變速度。<br><br>展示:為了使活動更具有趣味性,可以邀請學生分享幾個對話。 |
|---|---|
| 對話<br>適合科目:任意科目<br>兩人一組 | 126. 一籮筐的問題<br>目標:圍繞某個特定的主題進行對話,只能使用問句進行對話。<br>·轉身面向你的同伴。<br>·你們將根據__進行一場對話。給出話題(見124頁的建議)。<br>·遊戲的迷人之處在於你們必須以問題的方式進行交談。例如,如果我在跟我的同伴談論我的學校,對話應該是這樣子的:<br>你喜歡學校嗎?<br>那你呢?<br>我認為你喜歡,不是嗎?<br>你認為我們的老師們好嗎?<br>你是在問我是否喜歡我們的老師嗎?<br>·記住只能用問句進行交流。如果你們中有人忘記了使用問句,你們倆人都得出局。讓我們看看你和你的同伴能夠堅持多久。你們需要幫助彼此。<br><br>報告:邀請學生分享這個活動難在哪裡。 |

| 對話<br>適合科目:語言藝術<br>小組 | **127. 你做了什麼?**<br><br>目標:快速自發地在小組內分享三到四個句子,這幾個句子圍繞老師所提供的話題,卻沒有實際意義。<br><br>·快速讓學生分成四組或五組,每個組圍成圈坐著。我會給出一個愚蠢的話題,叫作"引導陳述"。每一次陳述必須以"當……時候,你做了什麼?"作為開始。<br><br>·我們將繞著圈子進行,每個人都會說出關於這個話題最先想到的內容。例如,如果引導陳述的問題是"你做了什麼,當你發現醒來之後身處熱帶雨林之中?"我可能會說:"一開始我在尖叫,但是當我看到一些猴子在樹上盪秋千,我決定加入它們。"<br><br>·你們組決定好誰第一個說,請那個同學舉起他的手示意我一下。<br><br>·在快要輪完一圈的時候,我可能會使用停止提示來改變話題。<br><br>— 在一個回合中如果有人想使用 Pass,這是可以的。但是每個人最多有一次 Pass 的機會。<br><br>引導陳述樣例:<br><br>當……時候,你做了什麼?<br><br>當你的寵物開始跟你說話的時候……<br><br>當你在你新建的太空梭登陸月球的時候……<br><br>當你打開你的衣櫃發現了霍默辛普森(或布萊德彼特,或賈斯汀·比伯)……<br><br>當你看著鏡子,但鏡子卻照不出你……<br><br>當你在吃餅乾的時候突然發現自己在縮小……<br><br>當你突然有了飛翔的能力(或擁有了其他超級英雄的力量)…… |
|---|---|

| | |
|---|---|
| 對話<br>適合科目:任意科目<br>兩人一組<br><br>準備:將準備好的開放式句子發放下去，或者將它們放在黑板上或互動式白板上。<br><br>注:該激勵法不直接解決刻板的問題，然而，它很容易具有喜劇效果。 | 128.＿＿＿人們<br>目標:完成與人們行為有關的開放式句子。<br>·和你的同伴一起，你們將以任何你們想用的方式完成一些句子。<br>·這裡不存在正確或錯誤的答案，無論你想到什麼都是可以的。<br>·完成句子剩下的部分，稍後進行分享。<br>·提示學生們開始，之後又提示他們停止。<br>-根據你開始提供的句子的數量調整活動的時間長度。好的經驗告訴我們每句話一分鐘的時間比較合適。鼓勵學生自發地活動。<br>·分享一些回答。<br><br>句子開頭:<br>人們＿＿＿＿＿＿<br>·把車停在別人的車道上。<br>·去歌劇院。<br>·去當志願者。<br>·在電影院中很吵鬧。<br>·在公共場合大喊大叫。<br>·拒不交稅。<br>·整天看電視。<br>·在學校教書。<br>·去爬山。<br>·經常在俱樂部或體育館活動。<br>·在公共場所抽煙。<br>·花了太多的錢。<br>·向車外扔垃圾。<br>·開卡車。 |

# 第四章　交流起來

| | |
|---|---|
| 對話<br>適合科目:任意科目<br>兩人一組 | 129.你不能說話<br>目標:進行一場對話,但不能使用任何具體的詞彙。<br>·這是一個與談話有關的遊戲。你必須和你的同伴進行交談,但是你們不能使用特定的單字。<br>·在對話中,你們不能用"AND(和)"和"I(我)"。例如,"昨天晚上我待在家裡做家庭作業",我必須說成,"昨天晚上那個人待在家裡,那個人做了家庭作業"。<br>·如果有人用了"AND"或"I",那他就出局了,則另一個人就是勝出者。<br>·如果你們中有人出局了,時間還剩下的情況下你們可以重新開始。<br>·我將告訴你們談論什麼以及不能使用哪些單字。<br>·在我給出開始提示的時間就開始。<br>·給出話題(參看124頁的建議)和不能說出的單字。提示學生們開始。<br><br>報告:快速討論在對話中排除特別小的單字是多麼困難。<br>排除的單字樣例:<br>　—　The　　—　I　　　　—　My<br>　—　And　　—　He/She　—　But |
| 對話<br>適合科目:衛生與健康;語言藝術<br>兩人一組 | 130."是的,但是"無法忍受的事<br>目標:進行一場與無法忍受的事情有關的談話,談話要不斷地升級,也就是說每一個說話者說出的事情比之前說的讓人更難以忍受。<br>·面對你的同伴坐著。<br>·你們將在兩分鐘內來回進行對話。<br>·你們說話時必須以"是的,但是……"作為開始。例如,如果開頭的人說的是"星星真是美麗",那第一個人可能會說,"是的,但是看起來很遙遠"。然後,下一個人可能會說,"是的,但是用望遠鏡看它們要離得近一些"。<br>·我會告訴你們該談論什麼,並提供開幕詞。<br>·提供主題並提示學生們開始。<br><br>開場白示例:<br>·校園生活真是艱難。<br>·我的媽媽必須去工作。<br>·我今天忘了吃午餐。<br>·我把所有零錢都花在糖果上了。<br>·天下雨了但我們不能休息。<br>·我爸爸買了輛新車。<br>·我的小狗跑丟了。 |

131

| | |
|---|---|
| 對話<br>適合科目:衛生與健康<br>兩人一組<br><br>注:1.這是一個讓學生們確認生命中的美好事情的一種方式,我們希望讓他們意識到至少有一部分美好來源於他們自身之外的世界。甚至是作為一個三分鐘激勵法的方式,也是一個很好的宣泄經歷。2.這個激勵法的句頭可以用下面的進行替換:"我欣賞……""我感激……""我珍惜……" | 131.快樂的遊戲<br>目標:與同伴進行一場對話,在對話中要完成以"我感到高興……"開始的句子。<br>·面向你的同伴坐著。<br>·你們將在兩分鐘內來回進行對話。<br>·你們每個人必須以"我感到高興……"作為開始。例如,我可能會說,"我感到高興,今天我在這裡"。我的同伴可能會說,"我感到高興,我的家庭作業做完了"。<br>·不要去回應你的同伴的評論。僅僅使用"我感到高興"的陳述繼續下去。<br>·一個人說的內容不一定要與另一個人說的內容有關。你只要簡單地思考什麼讓你感到高興就可以了。<br>·你們要一直不停地談話,直到我提示你們停止。<br><br>拓展報告:邀請學生盡可能回憶那些讓他們感到高興的事情,並讓他們在日記中列出來。讓學生從中選出一件事並進行深入地寫作。 |

| | |
|---|---|
| 對話<br>適合科目:任意科目<br>兩人一組 | 132.幸運的是/不幸的是<br>目標:開展一場對話,其中一人總是以"幸運的是"開頭,另外一人總是以"不幸的是"開始。<br>·面向你的同伴坐著。<br>·決定誰是 A,誰是 B。<br>·你們將在兩分鐘內來回進行對話。<br>-你們說的任何內容都必須以"幸運的是"或"不幸的是"作為開始。<br>-B同學將以"幸運的是"作為句子的開始,而A同學將以"不幸的是"作為句子的開頭。例如,B同學可能會說,"幸運的是今天是周五",而A可能會這樣回應,"不幸的是這個周末我們有家庭作業"。<br>·當我提示你們交換的時候,你們倆人用相反的詞來開啟你們的句子。<br>·提示學生們開始,持續大約一分鐘,然後交換角色。<br><br>報告:問問學生他們是否從中學到些什麼。生活中總有幸運事和不幸的事,這是由我們自己的看法決定的。<br><br>拓展報告:邀請學生創建比較圖表,將他們經歷過的認為"幸運的事"和"不幸的事"對照起來。 |

| | |
|---|---|
| 對話<br>適合科目:衛生與健康;社會課程<br>兩人一組<br><br>道具:足夠學生使用的紙條、裝紙條的容器。<br><br>注:1.這個活動兩人一組進行效果最好,因為有時候單個學生無法對所抽中的內容進行欣賞互評。<br>2.當我們表達對別人的讚賞的時候,這不僅讓那個人覺得重要,而且能增進我們之間的關係,並且讓我們自己得到提升。讚賞是免費的,也是無價的。 | **133. 我欣賞……因為**<br>目標:陳述一番對同伴的讚賞。<br>·首先,我需要你們將你們的名字寫在我發放下來的紙上。將紙折疊一下,然後把它放入容器中。<br>·舒服地面向你的同伴(鄰座、朋友)坐著。<br>·我將隨機抽出兩個名字,並將它們發到每一個二人組。<br>·如果你們抽到了自己同伴的名字,再抽一次,以此確保每一對抽到的不是自己的名字。<br>·我將給你們三十秒的時間去思考你欣賞那個同學的理由,他的名字我已經給你們了。提供30秒,如果有學生什麼都想不出來,準備好以建議的方式提示他們。<br>·當我給出開始提示的時候,你們要輪流說"我欣賞……"並且完成這個句子。一方說了一個名字並讚賞了之後,輪到另一個同學說。<br>·演示:我欣賞(同行老師的名字),因為他總是……<br>·給學生指出,可以從身體上、情感上、精神上、或者人格特質上進行欣賞。<br>·在活動報告之前要讓每個同學都有機會說。<br><br>報告:討論被人欣賞(或者不被欣賞)是什麼感覺。<br><br>提示樣例:<br>1. 身體素質:力量、健康、特殊技能、良好的體育道德。<br>2. 精神品質(人格):聰明、智慧、幽默感、耐心、同情心。<br>3. 友誼特質(個性):可靠性、誠實性、可信性、值得信任。<br>4. 那個人為你或為其他人所做的事情:比如,幫忙打掃清潔;在休息期間和小孩一起玩耍;和某人一起分享午餐。<br>5. 那個人所做過的評價。如,告訴某人他/她做得很好;他說喜歡我的____。 |

| | |
|---|---|
| 對話<br>適合科目:任意科目<br>兩人一組<br><br>注:這個激勵法鼓勵學生們進行主觀想象,或者想像最好的可能出現的結果或場景,而不用考慮現實性或事實情況。但是透過積極思考的力量白日夢也可能成為現實,這是獲得成功的關鍵。 | 134.但願有……<br>目標:討論可能性。<br>·這是一個與想像和希望有關的遊戲。<br>·你們需要做的是輪流來完成這個句子:"但願有……"或者"但願永不……"<br>·你們倆人決定誰是 A 誰是 B。<br>·B 同學,你將以"但願有……"開始。<br>·A 同學,你將說"但願永不……"。<br>·你們每個人將以此說三個句子:所以一共是六個句子。然後你們交換,A 同學將說"但願有……"<br>·你可能會說什麼事情?"但願今天有陽光""但願永遠不要有台風"如何?它可能是你無法掌控的事情——僅僅跟隨你的想像進行。<br>·在談話的末尾,我們會嘗試回憶一些好的想法。<br>·提示學生們開始,如果有必要的話,提供一個句子作為開始。<br>·在幾分鐘後停止,或者在學生們陷入困境的時候停止。<br><br>報告:討論可控制的願望和不可控制的願望之間的差異。<br><br>拓展報告:根據學生們所產生的想法,探索詩歌寫作的可能性。<br><br>起始句子樣例:<br>1. 但願有足夠的食物供每個人食用。<br>2. 但願有好的天氣滿足旅行的條件。<br>3. 但願今晚沒有家庭作業。<br>4. 但願休息期間沒有人打架。<br>5. 但願____(科目)沒有代課老師。 |

| | |
|---|---|
| 對話<br>適合科目：語言藝術<br>兩人一組或小組 | **135. 用第三人稱交談**<br>目標：用第三人稱開展一場對話。<br>·這是一個有趣的與交流有關的遊戲。<br>·你和你的同伴將會討論你們打算做的事情或者已經做過的事情，但是在談論你自己的時候只能用第三人稱。<br>·換句話說，不能說"我做了……"而要說"某某（你自己的名字）做了"，不是"把它給我"，而是"把它給某某（你自己的名字）"。<br>·這個遊戲實際比它聽起來更困難一些。<br>·我將給你們一個話題進行討論（參看 98 頁的討論）當我給出開始提示的時候，你們要以第三人稱進行交談，整整兩分鐘的時間。<br><br>報告：快速討論遊戲的困難之處，以及在什麼情況下會使用這種形式的講話。<br>拓展報告：讓學生用第三人稱寫一個故事。<br>展示：邀請一組在活動中表現得自然的學生在全班分享一段簡短的對話。 |
| 對話<br>適合科目：任意科目<br>兩人一組或小組 | **136. 高低之間的對話**<br>目標：在與你的同伴講話時，讓你的身體要麼高於你的同伴，要麼低於你的同伴。<br>·在這個遊戲中，說話的人一定要高於聽話的人。例如，假如我在和魯思說話，當我說話的時候，我必須拔高自己的身體，要比魯思站得高一些。但是當她說話的時候，即使只是說"是"或"不"，她必須得比我高。<br>·這個活動的想法是說話者總是俯瞰聽者。<br>·為了讓遊戲真正有趣，每個人不應該說得太多太長。你們回答的句子越短，你們交換位置的頻率就越快。這需要你們共同合作，當你的同伴在講話的時候你應該向下移動，這樣他就能夠在你之上。<br>·想像一下同伴間在爭論是非時會發生什麼，你們肯定會快速地上下跳動。<br>·當我發出提示的時候，你們將根據我所提供的話題進行討論並一直繼續下去，直到我提示你們停止為止。<br><br>報告：快速討論這個遊戲的有趣或困難之處。<br>拓展報告：針對年齡較大的學生，可將活動進行更加深入的討論，可以引申到比別人高或低的比喻意義。 |

| | | |
|---|---|---|
| 對話<br>適合科目:衛生與健康;語言藝術<br>兩人一組<br><br>注:這個三分鐘激勵法在學生們抱怨或發牢騷的時候特別有用。 | 137.可憐的我！<br>目標:誇大自己傷心的感受。<br>·在這個遊戲中,我們要真的為自己感到難過傷心。<br>·轉身面向你的同伴。<br>·一方以"可憐的我......"作為開場白說一些令他自己感到麻煩的事情,比如,"可憐的我,放學之後要去看牙醫"。<br>·另一個人必須說出一件更加讓人自憐的事情。<br>·記住,你可以說任何內容,但是必須以事實為依據。你要真正的為自己感到傷心,並且能夠自在地誇大實際的感受。<br>·提示學生們開始。<br><br>報告:問問是否有學生願意分享真正讓他們感到十分糟糕,很可憐時的自己。討論我們是多麼容易陷入恐懼和自我感傷,有時情況甚至會變得好笑。 | |
| 對話<br>適合科目:任意科目<br>兩人一組或小組<br><br>注:每個學生一張紙和一個書寫工具。 | 138.我是誰？<br>目標:和同伴或小組分享五個描述自我的單字。<br>·"你們是誰?"聽起來很愚蠢是嗎？事實並不見得。<br>·我要你們想一想你們自己,然後快速記下你首先想到的五個描述自己的單字。<br>·只能使用單獨的詞語。例如,我會這樣描述自己,"認真負責的"。<br>·給出開始提示,並最多給兩分鐘的時間。<br>·邀請學生給同伴或小組成員分享一個或多個描述它們自己的單字。<br><br>報告:討論為何有時我們不知道我們究竟是誰,以及我們怎樣才能更加瞭解自己。<br><br>拓展報告:用這系列單字來寫一篇關於自己的文章或寫一個與自己有關的故事。 | |

137

## 腦力激盪

這些激勵活動完美而迅速地提高了學生們的協作能力與即興創作的技巧。頭腦風暴旨在發揮集體思維的力量，因此大多數活動是為團隊合作而設計的，但有些活動兩人一組也可以有效進行。這一節的激勵法在鍛煉學生的社交能力方面具有教育意義，並且幾乎涵蓋了所有的語言藝術課程。學生們將共同努力，並根據老師的指導方針和建議快速地迸發出觀點。他們可能會將這些想法寫在紙上，或讀出來，或者把他們分享出來，但這一切都要快速且連續不斷地進行。事實上，由於這些激勵法是在有時間壓力的情況下進行的，並且由於它們普遍具有競爭性，因此過程是非常緊張激烈的。積極的競爭具有高度的激勵作用，因此這一節的活動不必壓制這種競爭性。

這些活動促使學生運用想像思維快速思考，並迅速回憶已有信息。它們都具有認知和激勵的性質。因此，它們能有效喚醒學生昏昏欲睡的大腦，打開它們暮氣沉沉的想像力，並以一種令人興奮和具有挑戰性的方式將學生引入其中，這樣學生就可以帶著新的活力回到被中斷的話題中去。

這些激勵法與"對話"第一節中的活動有些類似，但不同之處在於，它們需要更多的創新精神，發散性的，打破常規的思維。正如所有的腦力激盪活動一樣，大腦將全速前進。

| | |
|---|---|
| 腦力激盪<br>適合科目:語言藝術<br>小組 | 139.10 句話中的故事<br><br>目標:小組成員相互合作,用10句話創造一個故事,要求有完整的人物、情節、高潮等。<br><br>·同你的小組成員坐在一起。<br>·你們將一起創造一個與____有關的故事,提供主題(參看124頁)。<br>·但難點在於,你們必須使用 10 個句子!<br>·並且你們只能將故事記在腦海中,不能寫下來。<br>·每組有三到四個人,因此你們必須輪流進行,每個小組成員要為故事提供一到兩個句子。<br>·這個故事必須要有意義。想想一個好故事都具有哪些元素,並將這些元素全部轉化成 10 個句子。<br>·你們將有兩分鐘的時間來完成你們的故事,所以你們必須快速地進行。<br>·選出一個講故事的人,並在稍後把這個故事轉達給整個班級。<br>·提示學生們開始。<br>·兩分鐘之後(或更長的時間,如果需要的話)提示學生們停止並讓大家分享各自的故事。<br><br>報告:討論寫作過程中故事的組成部分。<br><br>拓展報告:讓學生把他們的故事寫出來,去掉10個句子這個限制並將空洞的事實進行加工潤色,這樣每個小組成員的故事就會有所不同。<br><br>展示:邀請學生個體來分享他們的故事。 |

| | |
|---|---|
| 腦力激盪<br>適合科目:語言藝術;<br>社會課程<br>兩人一組或小組<br><br>道具:寫觀點的卡片<br><br>準備:制作觀點卡,<br>這樣就可以反複使<br>用它們 | **140. 不同角度看問題**<br>目標:從不同的角度來看一個熟悉的情境。<br>·這個遊戲需要你們用不同尋常的方式進行思考,但得快速思考,大家一起集思廣益。<br>·我將給出一個所有人都很熟悉的情境,例如,一個下雨天。<br>·你們的任務是盡可能想出很多不同的方式來看待這樣的下雨天。例如:<br>(1)對將要去野餐的孩子們來說是一件令人失望的事情。<br>(2)對處於乾旱中的農民來說是一件極好的事情。<br>(3)對魚兒或鴨子來說很好。<br>(4)對住在地上河附近的居民來說是個壞消息。<br>·這將是一個比賽,擁有最多觀點的小組將勝出。<br>·抽出觀點卡,並提示學生們開始。<br>·不超過兩分鐘。讓整個活動保持敏捷。<br>·提示學生們停止。<br><br>報告:統計出勝出的二人組或者小組,並在全班分享他們的觀點。<br><br>拓展報告:把這些不同的觀點轉移到文學中(例如,一個人物角色的觀點),或轉移到其他學科(例如,社會課程:流離失所者的觀點),並進行討論。鼓勵學生從不熟悉的角度進行寫作。<br><br>觀點樣例:<br>1. 作為自然災害的受害者:森林火災,洪水,地震,暴風雨。<br>2. 丟失了有價值的東西:錢包,身份證,寵物,寓有感情的珠寶。<br>3. 成為故事中的主角,並從反面人物那裡偷東西。<br>4. 在一個非常炎熱的天被滯留在沙漠中。<br>5. 家裡的車在假期的時候壞掉了。<br>6. 在事故中受傷並住院。<br>7. 成了被人欺負的對象,被惡笑話取笑的物件,被戲弄的物件。<br>8. 看見一群孩子在向一個小動物扔石頭。 |

# 第四章　交流起來

| | |
|---|---|
| 腦力激盪<br>適合科目：語言藝術<br>小組<br><br><br><br><br>注：這個遊戲對於八歲以下的孩子來說會有些困難。 | 141. 真正的意思是……<br>目標：集體研討，盡可能多收集常用詞的原始意義和有趣的意義。<br>・在這個遊戲中，我會給你們一個常用詞，你和你的同伴將集思廣益用不同的方法來描繪這個單字的意思。例如，對於"懶惰"這個單字，你可能會說，<br>(1) 有的人晚上穿著衣服睡覺，這樣第二天早上他們就不用重新穿衣服了。<br>(2) 有的人直接躺在被子上睡覺，這樣他就不用整理床鋪了。<br>(3) 有的人不用容器盛湯，這樣他就不用洗盛湯的碗。<br>・你真的需要很有創意，甚至可以是一些愚蠢的言語。<br>・記住，你並不能給出這個單字準確的定義。你們要解釋這個單詞的意思，當用它來形容某個人或某件事的時候。<br>・我會給你們兩分鐘集體研討，盡可能多想點子，如果你願意的話可以把它們記下來。<br>・我們將分享一些觀點。<br><br>拓展報告：用集體研討出的點子進行寫作，將它們寫成一個故事，或者進行人物描寫。<br><br>展示：透過多媒體展示一些例子進行分享，這樣大家都能夠欣賞。<br><br>單字樣例：<br><br>快樂的　　強制的　　慷慨大方的<br>工作狂　　邪惡的　　可預測的<br>疲倦的　　勇敢的　　聰明的<br>著名的　　愚蠢的　　機智的<br>無聊的　　善良的　　狡猾的 |

| | |
|---|---|
| 腦力激盪<br>適合科目:任意科目;<br>語言藝術<br>兩人一組或小組<br><br><br><br>道具:鉛筆和紙 | 142.同義詞<br>目標:快速地共同研討常用詞的同義詞。<br>·將學生配對成兩人一組或分成三到四個人的小組。<br>·我將提供一個單字,你們將集思廣益,盡可能收集和這個詞意思相同,或者大致相同的詞。你們可以記下所能想出的所有單字。<br>·一個單字有30秒的時間讓你們搜尋同義詞。<br>·這是一個比賽,兩分鐘後(也就是四個單字),我將對照你們列出的單字並找出獲勝的那一對或獲勝的那一組。<br>—快速演示一個單字是一個不錯的主意。例如"say(說)"這個單詞,我會寫下"Speak, Utter, Talk, Chat, Verbalize, Lecture, Address, Tell, Cry, Announce, Exclaim, Reply, Shout"等等。<br>·給出第一個單字,30秒後,給出第二個單字,依次到第四個單字。提示學生們停止。<br><br>有許多同義詞的單字樣例:<br>Look  Pretty  Think<br>Fat  Ugly  Say<br>Thin  Run  Look<br>Big  Move  Quickly<br>Small  Move  Slowly |

| | |
|---|---|
| 腦力激盪<br>適合科目：片語課<br>兩人一組或小組<br><br>道具：鉛筆和紙。<br><br>注：這個活動具有內在的挑戰性，可以作為一個比賽來進行，但非強制。 | **143. 最佳搭配**<br>目標：快速思考一起出現的事物。<br>・我將說出一個你們所熟悉的短語的前面部分："炸魚和……"剩下那部分是什麼？你們要喊出"薯條！"<br>・下面是更多的練習短語：<br>　兄弟和……<br>　貓和……<br>　桃子和……<br>・將班級劃分為小組。確保每一組都有紙和筆。<br>・你們每個組都要快速思考剩下的那個事物是什麼並將它們寫下來。看看你們能寫多少。<br>可以有多種回答，並非只是括號中的那一種。括號中的僅僅是用來指導的。<br>數學短語：<br>加法和(減法)<br>乘法和(除法)<br>正極和(負極)<br>問題和(答案)<br>高度和(重量)<br>一般的短語：<br>花生醬和(果醬)<br>祖母和(祖父)<br>煎餅和(糖漿)<br>鑰匙和(鎖)<br>蛋糕和(霜淇淋)<br>鞋子和(襪子)<br>麵包和(奶油)<br>裡面和(外面)<br>母親和(父親)<br>上面和(下面)<br>爸爸和(媽媽)<br>北方和(南方)<br>姐姐和(哥哥)<br>東邊和(西邊) |

| | |
|---|---|
| 腦力激盪<br>適合科目:詞彙課<br>兩人一組或小組<br><br>道具:紙和筆。<br><br>注:1.一個好的想法是使用課本中當前正在學習的學科的主題,比如自然科學中的"生態系統"。<br>2.一個備選的活動是把"單字網球"改為字詞聯想。學生可以說出任何由前一個單字聯想起的詞語。例如,由"雪花"聯想到"白色",由"黑色"聯想到"巫術",等等。這個可能會難一些,但同樣很有趣並且能啟發人的思維。 | **144. 單字網球**<br>目標:在同伴之間或小組成員間快速地將單字來回投擲。<br>·面向你的同伴坐著(或小組成員)<br>·這是一個需要快速思考,快速談話的遊戲。<br>·我將給你們主題——一個很大的觀點——你們所說的所有單字都必須符合這個主題。例如,如果主題是食物,你可以說,"雞蛋,麵包,霜淇淋……"<br>·這個活動的想法是盡可能快地說出單字,你們等待不能超過三秒,否則你們將出局。<br>·如果你們重複說了一個單字,或者說了"嗯""啊"這樣的語氣詞,也要出局。<br>·將在你和你的同伴之間來回進行(小組內輪流進行)。<br>·提供一個主題並在一旁觀看享受學生帶來的樂趣。<br>·當你注意到有一些組已經完成之後(如,想法用完了)停下遊戲並提供一個新的主題。<br><br>展示:快速總結這個活動,並邀請兩個學生面對面地在全班的注視下開始這個遊戲。 |

| | |
|---|---|
| 腦力激盪<br>適合科目:語言藝術<br>小組<br><br><br>道具:紙和筆。<br><br><br><br>注:這個激勵法是隨著變形金剛的電影、遊戲和玩具而流行起來的。你可以通過以上這些內容來引起學生的注意。 | **145.變形記**<br>目標:想出不同的方法來轉化或改變日常物品。<br>・我們將思考不同的方法來轉化或改變日常物品,想出它們不同的用途,以此來獲得樂趣。<br>・我會提供這個物品。一共60秒的時間,你和你的小組要共同研討出這個物品的所有用途──愚蠢的、富有想像力的、或有趣的。你們將透過這些方法改造這個物品。<br>・(老師)你可以給出一個例子:我的咖啡杯可以變為猴子的帽子,或一個花瓶,或者鉛筆筆筒。可能的變形或不可能的變形都盡量要體現在你的例子中,以此來鼓勵學生的發散思維。<br>・提供一個物品並提示學生開始,在一旁觀察什麼時候給出另一個物品的單字或者停止這個活動。<br><br>物品樣例:<br>鉛筆　　　投影機<br>剪刀　　　廢紙籃<br>統治者　　手機<br>咖啡杯　　電腦螢幕<br>紙夾子　　座椅或椅子<br>互動式電子白板 |
| 腦力激盪<br>適合科目:衛生與健康;語言藝術<br>兩人一組或小組<br><br><br>道具:筆和紙。<br><br><br><br>注:這個三分鐘激勵法是建立在正向思考的基礎之上的,在學生們精神低落的時候使用很有幫助。 | **146.重組/重構/刷新**<br>目標:將消極思維轉化為積極思維。<br>・你們將一起合作來改造一個情景,透過以下方式:<br>　(1)改述它或重新組織語言。<br>　(2)然後重新構架它,並想出一種積極的方式將它說出來。<br>　(3)然後透過討論新的措辭與原來的相比好在哪裡來刷新這個情景。<br>・例如,我給你們這樣的情景:"今天的天氣是黑暗陰鬱的",你們可以改述為"今天是個下雨天",將它重構為"但是草坪看起來很棒";以此來刷新這個情景:"看著草坪,欣賞雨天,這真是一個不錯的景色。"<br>・用鉛筆和紙寫下你們的作品。<br>・提示學生們開始並留意時間,在最合適的時間提示學生們停止。你可以將活動停留在這個點上,不用討論,這讓學生感到開心。或者你可以讓他們進行報告。<br><br>報告:討論如何在日常生活中使用這個激勵法。 |

| | |
|---|---|
| 腦力激盪<br>適合科目：任意科目<br>全班<br><br>道具：老師用的筆和紙。<br><br>注：這是這一節中唯一一個以全班為單位進行的活動，但也可以小組為單位進行。 | **147.神秘的單字**<br>目標：透過問"Yes/No(是/不是)"來確定一個神秘的單字。<br>・這是一個猜單字的遊戲，並且獎品就是這個神秘的單字。<br>・我已經把單字寫在這張紙上了。<br>・你們的任務是透過"Yes/No(是/不是)"問題來猜測它。<br>・每人每次只能問一個問題，然後換其他人來問。<br>・第一個猜到單字的人獲勝（或第一對/第一組）<br>・讓學生們開始提問。如果學生們進展較慢，可以給一些提示，比如"它是活的"或"它就在教室裡"。<br>・可以使用任何單字——甚至是教材中的特定詞彙。 |
| 腦力激盪<br>適合科目：任意科目<br>小組<br><br>道具：每一組一張紙，一支筆。 | **148.快速問答**<br>目標：圍繞老師提供的答案，各個小組集思廣益想出盡可能多的問題（依據美國一個很受歡迎的電視節目"危險邊緣"啟發得來）<br>・我將給你們一個陳述句作為答案。<br>・在非常短的時間內，每一組圍繞這個答案進行思考並寫下盡可能多的問題。<br>・例如，如果答案是"大海"。問題可以是這樣的：："鯨魚住在哪裡?"或者"我們怎麼稱呼一個超級巨大的水體?"<br>・提供一個答案並且提示學生們開始。<br>・保持好一個快速的節奏，並比對每個小組適合每個答案的問題的數量。 |

| | |
|---|---|
| 腦力激盪<br>適合科目：任意科目<br>小組<br><br>道具：每組一張紙，<br>一支筆。 | **149.雨傘之下**<br>目標：生成可以放在特定提示"下面"的物品或單字。<br>·這個遊戲叫作雨傘之下，你們的任務是想出任何能夠放在雨傘下的東西，或者放在任何我提供給你們的物品的下面。<br>·在你們小組選出一位記錄者。將紙和筆給那個同學，並由他記下你們所有的想法。<br>·看看你們能想出多少能夠放在我所給出的物品的之下的東西。<br>·共同合作。你們可以像你們所想像的那樣，很傻或極富創意。<br>·宣布第一個"雨傘單字"。提示學生們開始並觀察可以停止的跡象。可以根據需要給出兩到三個"雨傘單字"，比較學生對於每個單字反應的區別。<br><br>雨傘單字樣例：<br>在……之下<br>頂針 ·杯 ·勺 ·手帕　　海洋 ·甜點 ·山<br>蘑菇 ·花 ·草葉　　　　　岩石 ·原木<br>雲 ·彩虹 ·房子 ·地板　　屋頂 ·毯子 ·床 ·地毯<br>汽車 ·火車 ·船 |
| 腦力激盪<br>適合科目：語言藝術<br>兩人一組<br><br>道具：每組一張紙，<br>每個學生一支筆。 | **150.大詞與小詞**<br>目標：迅速將小的詞語變為大的詞語。<br>·面向你的同伴坐著（鄰座·朋友）<br>·A同學說出一個小的單字，如"Cat(貓)"。<br>·B同學必須說出一個包含"Cat(貓)"的單字，例如"Caterpillar(毛毛蟲)"。<br>·一旦B同學說出了大的那個單字，B給出一個小的單字，讓A把它變大。<br>·在過程中寫下你們所變換的單字。<br><br>小詞樣例：<br>·In　·Got　·Do　·Ble<br>·At　·Dog　·But　·All<br>·Or　·Ring　·With　·Par<br>·If　·See　·Ate　·No<br>·Ill　·Eat　·Call |

| | |
|---|---|
| 腦力激盪<br>適合科目:任意科目<br><br>小組活動<br><br>道具:每組一張紙,每個學生一支筆。 | **151.全都是藉口**<br>目標:小組集思廣益,在規定的時間內找出比其他組更多的藉口。<br><br>・這是一個你們都很擅長的遊戲。<br>・面對你們小組其他成員坐著。<br>・當我給出開始提示的時候,你們組要根據我所提供的場景想出盡可能多的藉口。<br>・快速把你們的藉口記下來,我們會在稍後進行分享。<br>・發揮你們的創造性,盡可能隨你們所想胡亂編造理由。<br>・提供一個情景並提示學生開始。<br><br>拓展報告:邀請學生選擇一個不同尋常的理由(他自己的或者別人想的),並將它加工成為一個故事,或寫入日志反思,或寫成一封信。<br><br>展示:分享最有創意的,最幽默搞笑的藉口。<br><br>情景樣例:<br>1. 沒有完成家庭作業。<br>2. 晚餐/實踐課/上學遲到了。<br>3. 說謊的時候。<br>4. 把書/小妹妹/寵物/鉛筆/錢弄丟了。<br>5. 把裝飾品/電視機/遊戲機/玻璃杯打碎了。<br>6. 黑眼圈/撕裂的衣服/失蹤的牙齒。<br>7. 擁有小貓/小狗/新自行車/新帽子/外套/鞋。<br>8. 丟失的科技裝備(智慧手機、平板電腦)/重要的個人財產(眼鏡)。<br>9. 在瀏覽受限制的互聯網網站或看受限制的電視節目時被撞見了。 |

第四章　交流起來

| 腦力激盪<br>適合科目：任意科目<br>小組活動<br><br>道具：每組一張紙，每個學生一支筆。<br><br>注：使用與學科相關的詞，以此來強化這些詞彙。比如：Equilateral(等邊的) Mesopotamia(美索不達米亞) Equation(方程) Geography(地理)。 | **152. 分解**<br>目標：盡可能將大的單字分解為更小的單字。<br>・和你的小組成員一起從我所提供的單字中盡可能地分解出更多的單字。<br>・你只能使用我所給出的單字中的字母，這些字母在單字中出現了幾次你們就能使用幾次。因此如果是"Apple"這個單字，P可以使用兩次。如果是"Pear"，P只能使用一次。<br>・分解出更多單字的組將獲得勝利。<br><br>單字樣例<br>・Multicultural　　・Spaghetti<br>・Extraordinary　　・Pumpernickel<br>・Catastrophic　　・Brainstorming |
|---|---|
| 腦力激盪<br>適合科目：任意科目、語言藝術<br>小組活動<br><br>道具：每組一張紙、一支筆。 | **153. 單字擴展**<br>目標：想出和我所給出的單字相關的新的單字或片語。<br>・我將給你們一個普通的單字。你們小組想出盡可能多的與這個單字相關的詞彙。<br>・例如，如果我給出"Rain 下雨"這個單字，你們可能會想到"Umbrella 雨傘"、"Watering the plant 給植物澆水"或者"Dreary 陰鬱的"。<br>・你們必須能夠判斷你們所選擇的單字在多大程度上與我所給出的單字相關。比如你選擇"Dreary 陰鬱的"這個單字，你該明白它如何與"Rain 下雨"相關：如，它們之間的相關在於雨天通常多是陰鬱的。<br>・大多數單字都是行得通的，只要你清楚為什麼要選擇那些單字。<br>・選出一個記錄員把你們組的選擇都記錄下來。<br>・這是一個比賽。擁有最多合乎邏輯的單字/短語的組將獲勝。<br>・提供一個單字，提示學生開始。在活動最後選出獲勝組。<br><br>單字樣例：<br>・運動，團隊或個人：滑冰、滑雪、曲棍球。<br>・自然現象或與天氣有關的自然災害：火山、風暴、乾旱。<br>・一條重大的新聞(但要求積極)：選舉、開幕。<br>・目前與學校相關的情況或事件：田徑賽、家長會。 |

149

| | |
|---|---|
| 腦力激盪<br>適合科目：任意科目<br>小組<br><br>道具：每個學生一張紙，一支筆。 | **154. 如果它們可以說話**<br>目標：集思廣益，想想如果這些沒有生命的東西可以說話，它們會說些什麼。<br><br>・拿出一張紙和一支筆。<br><br>・你們小組將使用你們共同的想像力去思考沒有生命的物品可能會想什麼，說什麼，如果它們可以的話。<br><br>・我會給出一個沒有生命的物品的名稱，接著你們要想像如果這個物品是活的，那它可能會說些什麼。例如，如果我說"蘋果"，你可以寫下："請不要吃我"或者"我想成為蘋果派"。<br><br>・你將有60秒的時間進行思考，然後我們再來分享一些你們的想法。<br><br>拓展報告：使用共同研討出來的想法作為故事的開頭或者以此開始進行討論。<br><br>展示：分享一些想法，在往後的時間裡讓學生們繼續拓展報告中的內容。 |
| 腦力激盪<br>適合科目：語言藝術<br>兩人一組 | **155. 第一和最後**<br>目標：快速提供一個單字，這個單字要以前一個人提供的單字的末尾字母作為開始。<br><br>・在這個遊戲中，你必須集中精力在單字拼寫上。<br><br>・你們的任務是想出一個以你的同伴說出的單字的末尾字母作為開始的單字。例如，如果我說"Father"，我的同伴要說出一個"r"作為開頭的單字，如"Right"。然後我要說出一個以"t"作為開頭的單字，以此類推。<br><br>・你們必須盡可能快速地思考並將它說出來。<br><br>・這是你和你同伴之間的競爭。如果在兩秒鐘內你們中的一個沒能想出一個單字，如果一人重複說了一個單字，或者發出"嗯""啊"的語氣，那麼另外一個人獲勝。<br><br>・我會給出開始的單字。透過給出單字提示學生們開始。 |

第四章　交流起來

| | |
|---|---|
| 腦力激盪<br>適合科目:任意科目<br>兩人一組 | **156.上面/下面**<br>目標:說出可以放在所提供的物品的上面或下面的物品。<br>·決定誰是 O,誰是 U。我們中途會互換角色。<br>·我會給出一個物品供你們討論。<br>·O代表Over(上面),所以O同學必須說出可以放在所給物品上面的東西。<br>·U代表Under,因此U同學必須說出可以放在所給物品下面的東西。<br>·例如,如果我說"床",O 同學可以說"被子",U 同學可以說"鞋子"。<br>·訣竅在於不斷地想出很多很多可以放在上面或下面的東西,直到我提示你們停止。<br>·你們可以很有創意,甚至想出一些傻的不著邊的東西。<br>·在第一個詞上大約給一分鐘時間,然後讓學生互換角色並提供一個不同的單字。<br><br>單字樣例:<br>樹　　　雲　　　湖<br>灌木叢　蘑菇　彩虹 |
| 腦力激盪<br>適合科目:句源相關課程,語言藝術<br>小組<br><br>道具:每個組一張紙,一支筆;例句。<br><br>準備:編輯一些句子的開頭。<br><br>注:完形填空鼓勵學生批判性地思考和分析文本,並且在閱讀的時候透過書面線索來確定文本的意思。 | **157.完形填空**<br>目標:創造性地生成句子的結尾。<br>·你們小組一起,你們將集思廣益為句子們想出有趣的結尾。<br>·創造力是關鍵。<br>·你們想出第一個結尾之後不要停止,繼續想更多的結尾,直到你們想不出更多的結尾,或者直到我提示你們停止。<br>·選出一個小組成員來記錄,這個同學會快速記下所有你們填充的結尾。<br>·提供句子的開頭,或以口頭的形式,或以書面的形式。給每個組兩分鐘的時間共同思考。這個激勵法可以在此停止,或者延續到之後的報告部分。活動所涉及的創造力本身具有激勵作用。<br><br>報告:分享並討論一些結尾,指出句子的開頭的意思與加了結尾之後的意思之間的差異。<br>句子開頭樣例:<br>1.當太陽發光的時候……<br>2.這真是太可怕了,當……<br>3.這個醜陋的生物變成了……<br>4.我們很興奮,因為……<br>5.一切都是那麼的安靜,然後……<br>6.這是完美的一天,直到……<br>7.我感到十分高興,因此我笑了出來,然後…… |

151

| | |
|---|---|
| 腦力激盪<br>適合科目:語言藝術<br>小組<br><br>道具:每個組一張紙,一支筆。 | **158. 挑戰矛盾修辭法**<br>目標:在兩分鐘內盡可能生成更多的矛盾修辭法。<br>・我們都知道矛盾修辭法是什麼,它是將兩個看似相反的觀點放到一起。<br>・矛盾修辭法有時會涉及兩個以上的詞,例如"make haste slowly",但通常都是兩個單字,例如"awfully good"或"almost totally"。快速討論為什麼會存在矛盾修辭法。<br>・你們每個小組盡可能想出更多的矛盾修辭法,直到我提示你們停止。<br>・這是一個比賽,想出最多矛盾修辭法的那組將會獲得勝利。<br>・選出一個人作為記錄員並記下你們的選擇。<br>・提示學生們開始,並在你認為合適的時間提示他們停止。<br><br>報告:選出獲勝組。邀請一組來分享他們最喜歡的矛盾修辭法。<br><br>拓展報告:在網上收集十個你最喜歡的矛盾修辭法。安排一個寫作任務來討論這些矛盾修辭法。 |

# 第五章　超越三分鐘

這一節中的活動普遍超過三分鐘的時間限制，因此通常分段進行。雖然這些活動開展起來需要花較長的時間，有時長達十分鐘，甚至更久——但是只要老師在活動報告的時候將學生們的注意力引回到被中斷的課程或正在學習的課題上，它們仍能發揮很好的激勵作用。

這些活動將整個班級帶入到具有挑戰性的、讓人快樂和具有內在激勵作用的娛樂氛圍中。這些活動涉及學生的認知能力、短期記憶、多種溝通方式、聆聽方法和觀察方法。大多數活動能為課堂帶來最強大的、最具感染力的教學氛圍，即愉悅式教學。

許多活動需要例如索引卡、書面指導等形式的道具。但是如果在活動需要的時刻才拿出道具會有違激勵法的自發性特徵，因此，我建議找好助手或志願者或大一點的學生提前做好準備。而學生家長更是活動準備中的最佳幫手。

這些活動會不時地涉及競爭這一元素，同時包含一貫需要的合作。通常是要求兩到三個學生一起離開教室幾分鐘，直到全班準備好，然後返回教室加入到這個娛樂性的挑戰中。一開始，學生們都想成為"離開教室的人"，但是一旦他們意識到活動很有趣，則會爭先恐後地想成為其中的"主要角色"。

1. 老師要提醒學生們相互尊重的重要性，提醒他們在活動中沒有錯誤的回答，並表現出對學生個人努力的讚賞。

2. 小獎品是非常有效的刺激工具(參見19頁)，為那些志願在活動中擔任主導作用的學生髮獎品。

3. 永遠不要強迫學生，然而當少數經常踴躍的同學當志願者的時候，鼓勵學生輪流擔任領導者尤為重要。

儘管這一章的激勵法被標記為"小組活動"或"兩人一組",但其實所有活動都可以全班一起進行。

| | |
|---|---|
| 超過三分鐘<br>適合科目:任意科目<br>兩人參與的班級活動<br><br><br>注:這個激勵法要求相互信任,這種信任必須隨著時間建立起來。因此,如果有些學生不願意被蒙上眼睛,可以允許偷看。這個活動不是為了讓人害怕或沮喪,而是為了讓大家開心。 | 159.障礙賽<br>目標:引導看不見的同伴透過由人組成的障礙物。<br>·從分組開始,把全班分為兩個組。一個組將成為障礙物(O組),另一個組負責"信任行走"(T 組)。活動中途兩組會互換任務。<br>·這個活動涉及信任。你們需要真正地相信你們的同伴。<br>·作為障礙物的一組,我想讓你們以任何你們所想的姿勢來擺好你們自己,只要你們的身體呈現為房間中的障礙物。例如,你們可以將手臂和雙腿排開成一個大大的"X",或者坐下成為一塊"岩石"。<br>·負責行走的那組,你們將從教室的一端,穿過這些障礙物,走到教室的另一端。兩人一組進行,決定好誰是 A 誰是 B。<br>·B同學,你必須很小心地引導你的同伴越過障礙物。你可以和你的同伴說話,透過觸碰他的肩膀來引導他——無論以什麼方式。但是你必須很靠譜,不要讓你的同伴受傷。<br>·讓兩個組都能體驗作為引導者和被引導者的經歷。你可能希望把它分為兩個活動,而不是讓 O 組或 T 組一次性完成整個體驗。<br><br>報告:快速討論作為引導者、被引導者,以及障礙物的感覺。<br><br>拓展報告:長期討論在哪種情況下信任是必不可少的。這能夠延伸到討論涉及信任的職業(如,員警)。 |

| 超過三分鐘 | 160. 讓我們 Quiggle |
|---|---|
| 適合科目：語言藝術；數學；自然科學<br><br>全班<br><br>注：很快學生們就會以一種更加直接的方式回答問題，因此需要志願者們透過猜想來建構知識。這是一個在工作中不斷了解和學習的過程。 | 目標：透過詢問相關問題猜出整個班級悄悄地選了什麼活動。<br>·這是一個猜測遊戲。<br>·我需要兩個志願者，他們要離開教室30秒鐘。當他們回來的時候，他們得猜出我們其他人選擇了什麼活動，比如，吃東西。<br>·這個活動代表一個動作詞，一個動詞。<br>·志願者同學是"它"，並用"quiggle"來代替被猜測的活動來問 Yes/No的問題。例如，如果我們選擇吃這個動作(Eating)，那麼他們應該這樣問："Do you quiggle at home?"我們回答，"Yes"。如果它們問"Are you quiggle all the time?"我們回答，"No"。<br>·他們要一直問問題，直到他們認為可以猜出這個隱秘的單字為止。他們必須猜三次。<br>·簡要討論一番，或者提供另外的例子(如，Breathing(呼吸))，直到學生有一些想法為止。提醒他們這個秘密活動是一個動詞或動作詞。<br>– 把志願者送到教室外面。我們需要想出一些好的動作詞來結尾。<br>·把志願者叫回來，好玩的遊戲就要開始了。<br>·如果學生卡住了，用引導性問題提示他們，例如和誰一起，在哪裡，什麼時候，為什麼，以及如何。<br>例如：<br>Who do you quiggle with most often?<br>When/where/why do you quiggle?<br>How do you quiggle?(對於 Eating，回答可以用稍有難度的模糊一些的詞，或用具體的如"用我的嘴巴和牙齒")<br>·或者你可以提供更具體的線索，如"在我餓了的時候，我想_____"。 |

| | |
|---|---|
| 超過三分鐘<br>適合科目:衛生與健康;語言藝術;數學;自然科學<br>小組活動<br><br>道具:收集謎語,書籍和網絡是很好的來源。<br><br>注:這些謎語的樣例摘自 Colorful Lateral ThinkingPuzzles, Paul Sloane & Des MacHale, Sterling Publishing。 | **161. 給我一條線索**<br>目標:用老師提供的線索猜出謎語的答案。<br>·快速將學生分組,以此開始。<br>·作為一個組,你們的任務是想出一些謎語的答案。<br>·我會給你們線索。<br>·第一個發現答案的組獲勝(得到一分)<br>·(老師)說出謎語。<br>·一次只提供一條線索,給學生30秒時間進行小組討論,再給出下一條線索。<br>·以這種方式繼續。<br>·如果學生沒有得出答案,就快速地給出線索,以保持遊戲的勢頭。根據活動需要把握謎語數量。<br>·任何謎語都可以使用,只要在之後簡單地提供一系列揭示答案的線索。<br><br>報告:討論觀察細節的重要性與用不同方式思考的重要性。<br><br>拓展報告:讓學生挑戰自己根據線索創造謎語。<br><br>謎語樣例:<br>1.只有哪一天不是以y結尾的?<br>線索:這一天是我們都期待的。<br>　　　一周中它會出現很多次。<br>　　　有拖延症的人喜歡這一天。<br>答案:明天<br>2.40 這個數字有什麼不尋常之處?<br>線索:這和數學性無關。<br>　　　40 和任何其他數字都不同。<br>　　　它和順序有關。<br>　　　它與拼寫有很大的關係。<br>　　　它與字母表有很大的關係。<br>答案:40(Forty)是唯一一個字母按照字母表順序排列的數位。 |

## 第五章　超越三分鐘

| | |
|---|---|
| 超過三分鐘<br>適合科目:語言藝術;<br>數學;自然科學<br>全班<br><br>道具:小紙條。<br><br>準備:在每張紙條上<br>寫一個單字。<br><br>注:這個激勵法在根<br>據線索猜測這方面<br>與"給我一條線索"<br>很像(121頁);不同<br>之處在於學生不允<br>許問問題。老師所<br>提供的線索要逐漸<br>從籠統到具體。 | **162.請具體一點**<br>目標:根據有效提問策略來猜單字。<br>・在這個遊戲中,你們要試著想出我已經寫在這個紙條上的這個<br>　單字。<br>・我會給你們提示和線索,並跟蹤你們的進度看你們需要多少線<br>　索來解答這個問題。<br>・我們會玩幾次這個遊戲。遊戲的目的在於每次都比上一次用更<br>　少的線索猜出單字,因此你們必須認真思考這些線索並把它們<br>　放在一起思考,以做出完美的猜測。<br>・以籠統的線索作為開始,在給出線索時,要從總體到具體,每個<br>　線索允許學生們猜測幾次。<br>"Teacher(老師)"這個單字可以這樣的順序給提示:<br>Living(活著的);Human(人類);Female(女性);Nearby(就在我們<br>身邊);In the school(在學校);In this room(在這個房間);Adult<br>(成年人)。<br>・不斷統計所需線索的數量。當然,單字的難度會影響所需提示<br>　的數量,但是持續統計數量是有必要的。<br>・這是一個遊戲,無論發生什麼,只要大家玩得開心就好。<br><br>報告:這是一個很好的開啟討論的話題:生活中在我們沒有足夠的<br>資訊作為依據時如何來猜測時間、地點、原因、方式等,以及當我們<br>做了錯誤的選擇之後,會發生什麼。<br><br>單字樣例:<br>1.動物。<br>2. 教室中的工具或物品。<br>3. 教師或工作人員;按職位或名稱。<br>4.目前正在學習的學科詞匯,如,自然科學中的元素;數學中的<br>　等邊。 |

| 超過三分鐘<br>適合科目:語言藝術;<br>數學;社會課程<br>全班<br><br>注:盡管這個活動看起來比較困難,但學生很快就能領會並能夠充分享受它。 | **163. 規則統治一切!**<br>目標 想出學生在回答 Yes/No 問題的時候使用的是什麼規則或限定詞。<br>-這個遊戲中,志願者要在班級其餘同學回答"Yes/No"問題的時候,猜測他們使用的是什麼規則。規則可能會是這樣的:"每隔一個人必須說"No"。<br>·兩名學生志願者先要離開教室一會兒。在外面的時候,他們應該想出兩到三個簡單的問題,盡管這些問題唯一的答案是"Yes/No"。<br>·這些問題應該是在你已經知道正確答案的基礎上問的,你可能會問"你們是坐著的嗎?"你已經知道每個人都是坐著的,因此如果你得到否定回答時,那麼你就得到了一個線索。<br>·志願者們會依次詢問不同學生同一個問題,並根據問題來猜測這個規則。用"你們是坐著的嗎?"這個問題演示一番。如果每隔一個人的回答是"No",那麼第一個人的回答是"Yes",第二個人的回答是"No",依次類推。<br>·每一條規則志願者可以猜三次。<br>·如果你想到一些有趣的問題,如"你是猴子嗎?",有些學生可能會回答"Yes(是的)",因為他們必須遵守規則。<br>·請志願者先離開教室。當他們在外面的時候,和全班商定一個規則。這個規則可以根據順序來制訂(就像剛才的例子)或依據學生的外表,或依據學生們回答問題之前的動作。<br>·起初我讓志願者了解我們所使用的三種形式——順序、外觀和動作。一但全班熟悉這個遊戲之後,我就可以省略這些信息,學生們仍然經常能夠成功的找出規則。<br>·把志願者叫回來並讓他們開始,如果他們卡住了(教師)你自己提出一個問題來幫助他們,並讓他們繼續快速問一些學生問題,這樣規則就會很明顯了。<br><br>根據外觀制訂的規則:<br>1.所有那些穿著藍色牛仔褲/戴眼鏡/穿運動鞋/穿短褲的人回答"No"。<br>2. 所有捲頭髮的人回答"Yes"。<br>3. 所有戴手錶的人都回答"No"。<br>4. 所有課桌上有書的回答"Yes"。<br>根據動作指定的規則:<br>誠實的回答問題,並在你回答問題的時候,或回答問題之前做以下的動作:<br>1.摸一下你的臉　　　2.一隻腳抬離地面<br>3.輕微咳嗽　　　　　4.撓一撓頭<br>5.說"嗯"　　　　　　6.把你雙手放在一起<br>7.深深地呼吸一次　　8.咬你的嘴唇<br>9.身體前傾　　　　　10.抬頭仰望天花板 |

第五章　超越三分鐘

| 超過三分鐘 | 164. 讓"背"講話 |
|---|---|
| 適合科目:數學;社會課程 | 目標:根據學生背部的觸覺印象來複製一個圖案。 |
| 小組 | 1. 將學生分組並讓他們站成一排,每個人對著前一個人的背部。站在最前面的人拿上紙和筆,站在最後面的人拿著那個圖案。 |
| | 2. 這個遊戲就像電話遊戲,電話遊戲傳遞的是耳語,但這個遊戲傳遞的是圖像。 |
| 道具:紙和筆。 | 3. 每個圖像被分為三個部分:頂部,中間,底部。 |
| | 4. 站在最後的那個人只能用一只手指把這張圖的頂部畫在前一個人的背上。 |
| 準備:把圖案複印或打印到紙上,並將這個圖案用水平線分成三個部分。 | 5. 然後那個人再把它畫到下一個人的背上,依次向前,直到最前邊的人畫下這幅畫的頂部。 |
| | 6. 最前面的人用鉛筆把他所感覺到的圖像畫在紙上,然後舉起鉛筆向站在最後的人顯示他完成了。 |
| | 7. 在最後一個同學看到舉起的鉛筆的時候,他就開始把圖案中間的部分畫在前一個人的背上,依次傳遞,直到最前面的同學畫出整個圖案。 |
| 注:對於存在學生個體差異較大的班級,如有些學生表達能力有所欠缺,這是一個很好的活動。 | 8. 記住,不允許交談。這不是一場比賽,你們可以慢慢來。在每個同學都完成以後我們看看哪一組最接近原來的圖案。 |
| | 報告:討論所完成的圖畫。 |
| | 展示:圖畫最後的展示是很自然的總結過程,通常這個環節會充滿樂趣。 |
| | 圖案樣例: |
| | 確保這個圖案的輪廓要清晰,線條簡單且是黑色的。兒童圖畫書上有很好的,簡單的插圖,你可以用來作為例子。完美不完美不重要,反正最後圖案都會完全變形。 |
| | 1. 有著易識別特徵的簡筆人物,比如有公文包,戴大帽子,或者有奇異的頭髮。 |
| | 2. 有著有趣的鰓或鰭的魚。 |
| | 3. 結了各種水果或者長了各種花的樹。 |
| | 4. 快樂的臉上有不尋常的眼睛,頭髮,帽子,耳環。 |
| | 5. 有著不尋常特點的簡單的動物,比如帶領結的兔子,穿靴子的驢。 |
| | 6. 完全由圖形組成的房子。如,三角形的屋頂,長方形的門。 |

| | |
|---|---|
| 超過三分鐘<br>適合科目：數學；社會課程<br>全班<br><br><br>道具：選出或寫出一個情節較為豐富的故事。<br><br><br><br>注：可以故意不講完故事（參看下面的例子），然後透過寫作、討論來完成這個故事。 | **165. 像這樣講故事**<br>目標：把一個故事複述幾遍並注意文本的變化。<br>·遊戲過程中，當我給某個同學講故事的時候，四到五個志願者要等候在教室外面。<br>-一次回來一個志願者同學，聽這個故事並把這個故事告訴下一個志願者，直到每個志願者都聽過這個故事。<br>·最後聽到故事的志願者必須在全班面前把這個故事複述出來。<br><br>報告：如果這個故事"變形"得很厲害（通常會是這樣），討論這其中的原因。如果最後說出來的和原來的幾乎一模一樣，討論這其中的原因。<br><br>拓展報告：如果故事沒有完成，這為寫作任務提供了一個很好的開始方式。<br><br>故事樣例：<br>　　一個男孩和他的長毛狗，豆豆，正在拿著一根老樹枝相互追逐玩耍，突然間他的狗狗竄入了樹林。很自然地，這個小男孩很擔心他的狗狗，於是他就跟著進了樹林。這個樹林十分黑暗駭人，高大的樹木遮住了天空，厚厚的落葉裹藏了所有的聲音。於是這個男孩停住了腳步，可以肯定的是，他很害怕走到森林的深處，但同時他又擔心豆豆。於是他輕輕地喊"豆豆"，然後更大聲地喊它。突然，他聽到背後有一陣沙沙的響動，他愣住了，思緒已經紛亂了。它是怪獸嗎？邪惡的巫師？綁架者？或是外星人？他結結巴巴地，輕聲喊到"豆——豆——",然後…… |

## 第五章　超越三分鐘

| | |
|---|---|
| 超過三分鐘<br>適合科目：詞源課；語言藝術<br>全班<br><br>道具：單字卡<br>準備：將核心科目中不熟悉的或不尋常的單字打印在卡片上．一面印上單字發音．另一面印上單字的定義。<br><br>注：如果你將索引卡放在隨處能見的地方．並在日常生活中時常添加一到兩個學科中的單字．不需要花很多的時間．但會慢慢地聚少成多。 | **166. 有意義還是沒意義？**<br>目標：確定哪一個志願者說出了不熟悉或不尋常單字正確的定義。<br>·這是一個單字猜測挑戰．三個志願者同學將對陣整個班級。<br>·志願者將帶著寫有不尋常單字的卡片離開教室。<br>·他們幾個會決定好由誰來公布正確的定義．由哪兩個來說出錯誤的定義。<br>·你們．整個班級．將一起猜測誰在說真話。<br>·在三個志願者給出全部定義之後．我們將舉手表決我們的猜測。<br>·如果班級的大多數猜出了正確的定義．則班級獲勝。如果志願者同學成功地將你們迷惑了．則他們勝出。<br>·對於年幼的孩子們．你可以在單字背後提供三個意思．一個真實的．兩個錯誤的。年齡大一些的學生喜歡自己創造錯誤的意思。因為他們發現根據單字的某個部分來創造錯誤的意思能夠有效地迷惑整個班級。<br><br>報告：問問學生這個單字本來可以為它們的實際意義提供什麼線索。<br><br>單字樣例：<br>·ULULATE "you-you-late":to wail or howl loudly.<br>·EFFLUVIUM "ef-floo-vee-um":an often foul-smelling outflow or vapor.<br>·CASTELLATED "cas-tell-ate-ed": having turrets or battlements.<br>— ZYMURGY "zee-mur-gee": technological chemistry of the fermentation process.<br>— VINEGARROON "vin-i-gar-roon": a large nonvenomous scorpion-like arachnid.<br>— TRUNCATE "trun-kate": to shorten by cutting off. |

| | |
|---|---|
| 超過三分鐘<br>適合科目:語言藝術;<br>社會課程<br>全班 | **167. 這是我的故事**<br>目標:確定故事實際發生在哪一個志願者身上。<br>·三個志願者同學將離開教室幾分鐘。<br>·此時,他們必須想出曾發生在他們中某個人身上的有趣的事情。當他們回到教室的時候,每個人都說那件事發生在他們自己身上。快速給出例子會很有幫助,如:"如果湯米在看牙醫的時候度過了一段糟糕的時光,薩拉將會說這件事發生在她身上,同時迪恩也說這事發生在他身上"。<br>·對於志願者來說,你們要瞭解那個真實事件足夠多的資訊,這樣你們兩個才能說出一個讓人信服的故事。你們的任務是愚弄全班。如果班級的大多數選擇了錯誤的故事講述者,那麼你們三個就是勝利者。<br>·全班可以向你們每個人問問題。你們要像自己就是那個處境中的人一樣來回答問題。當然,對於你們中的一個人來說這很容易,對於另外兩個人來說他們必須快速思考並嘗試明智地回答問題。<br>·當志願者在教室外面的時候,透過告訴全班讓他們準備好:"注意非語言的線索,例如緊張時的動作。"問問題可以讓你們得到有效資訊,用同一個問題問他們幾個並把答案進行比較,看看這幾個志願者有沒有在某種程度上出賣他們自己。<br>·將志願者叫回來並給五分鐘讓大家問問題,然後班級投票決定這個故事到底是誰的真實經歷。<br><br>報告:詢問學生這些志願者給出的哪些線索能夠判定他們是否說的是真實的,以及這些信息在多大程度上能夠幫助他們做研究或收集收據。 |

# 第五章　超越三分鐘

| | |
|---|---|
| 超過三分鐘<br>適合科目:語言藝術;<br>自然科學;社會課程<br>全班<br><br>道具:名片。<br><br>準備:制作名片,在索引卡或者紙條上寫上一種職業。 | **168. 專家**<br>目標:志願成為某種技術或某個職業領域的專家,並接受同伴的質疑。<br>・問哪些同學想成為志願者。志願者的數量根據你有多少時間來決定。每個志願者可能會花兩到五分鐘。<br>・隨機抽選一張名片。請(志願者)選出一張卡片。<br>・告訴全班同學你所擅長的領域中一般的話題。你在藥物領域,服務行業,或者商貿業?<br>・給專家們一分鐘的時間來給些普通的提示。<br>・對於年齡較小的學生,你可以幫他們做這個部分,透過給班級一個足智多謀的領導人並幫助"專家"縮小他們的思考範圍。例如,如果有學生挑選了"實驗室助理"這張卡片,你可以說:"這個專家是在輔助領域,她所做的是對別人有幫助的事"。明顯的是,職業類型要根據學生的年齡來定。<br>・告訴志願者:離開教室,他們有兩分鐘的時間來成為他們所選擇的卡片上的職業領域中的專家。當你們回來的時候,我們會根據你的新職業進行提問。你們要表現得自己就是那個專家一樣,要像那樣回答問題。你們可能會改變你們站立的方式,說話方式,或者無論什麼,只要可以讓你們看起來更像專家。<br>・當志願者在教室外的時候,告訴全班:讓我們思考我們怎樣才能問他們一些好問題。我們應該問什麼類型的問題?這不是一個和猜測有關的遊戲,只是一種娛樂方式。可以讓學生提出一些問題。一旦採訪開始之後,問題就會接踵而至。<br>・把志願者叫回來。如果一旦學生們陷入了困境,準備好幫助學生們進行採訪。<br><br>報告:在每個專家陳述完畢之後,快速提出這個學生的表現所呈現的積極的方面。<br>拓展報告:挑戰學生去思考非尋常領域的專家。為未來的遊戲記錄好這些。邀請學生寫有關他們所選擇的領域的一個專家。<br>針對五年級及以上的學生專家樣例:<br>阿拉丁的鞋匠　　巧克力試吃員<br>牙籤測試者　　　擠檸檬汁的人<br>人工煙霧機　　　看管嬰兒的人<br>搖滾樂手　　　　占星師<br>吉他弦製造商　　醫院床製造商<br>筆尖填料員　　　太空船的看門人<br>打魚的夥計們<br>針對年幼學生的專家樣例:<br>素食主義者　　　教師<br>牙醫　　　　　　遛狗者<br>消防員　　　　　員警官<br>醫生　　　　　　送快遞的人 |

163

| | |
|---|---|
| 超過三分鐘<br>適合科目:語言藝術；自然科學;社會課程<br>全班<br><br><br>注:如果學生無法快速想出可以在桌邊進行的動作,請提供下面列出的動作以幫助他們。 | **169.猜動詞**<br>目標:猜出控制同伴所做動作的副詞。<br>·這是一個需要好的提問技巧的遊戲。<br>·兩個志願者將同時離開教室。當他們在外面的時候,他們將思考出一些要求其餘同學來做的動作。換句話說,他們將決定其他人在桌旁要做的事情。例如,他們可能會要求某人站起來,或讓其他人伸展他們的身體。<br>·這些動作必須是簡單易完成的那種。<br>·但接下來是關鍵所在。當這個人做某個動作的時候,他要根據我們在課堂上選好的副詞所描述的動作來進行。例如,如果我們選擇了副詞——緩慢地,然後當我被叫到站起來的時候,我要很緩慢地站起來。但是我不能說任何有關我正在做的事情。<br>·志願者的任務就是透過我的反應想出"緩慢地"這個副詞。<br>·志願者在做出猜測之前可以最多可以要求五個人來做這個動作。然後他們可以做出三種猜測。<br>·如果志願者們在規定的時間沒有猜出那個副詞,那麼遊戲就結束了!<br><br>報告:討論大家所了解的關於副詞的使用,如,大多數副詞都是以-ly結尾。<br><br>拓展報告:在寫作任務中使用副詞。<br><br>動作樣例:<br><br>拍手　　　　摸腳趾　　　　　坐著/站著的時候向前進<br>站起來　　　笑　　　　　　　在手上玩躲貓貓<br>伸出手　　　哭　　　　　　　眨眼睛<br>打哈欠　　　與鄰座的握手　　腳尖點地<br>彎腰　　　　站起來並轉身 |

第五章　超越三分鐘

| 超過三分鐘 適合科目:語言藝術;自然科學;社會課程全班 | **170. 永恆之後**<br>目標:說出表明動作已經完成的單字或片語。<br>·想想我們如何說"再見"·英語中有很多不同的說法。邀請學生來分享幾種。<br>·現在,想想那些表明動作已經結束的單字,如,完成一件事情,一種釋放或者結束一種情形,一件事情或一個想法。例如,有人說,"我已經洗手不幹了",這意味著他們不再想繼續做這件事情了。<br>·在你們的小組中,大家集思廣益,想出表明動作已經完成的單字或短語。你們可以用很常用的像"Good-bye"這樣的詞組。但是請儘量發揮你們的創造性。 |
|---|---|
| 注:英語這種語言中有很多表示"再見"的短語。對於低齡學生,你可以堅持使用這幾種方法來說"再見",而不是用抽象的完成時概念去處理"再見"這個說法。 | 報告:討論涉及說再見的時候或者突然間停止或結束某事時的困難度。<br><br>拓展報告:在網上搜索用其他語言說"再見"的方法。對於年齡較大的學生鼓勵他們自己進行創造,讓他們創造新的說法來表達已經完成的事情。<br><br>表明動作已經完成的短語:<br>·Tie a knot/bow in it　　　　　·Say, "That's a wrap"<br>·Slam the door on it　　　　　·Say, "May the force be with you"<br>·Wrap/zip/tie/wind it up　　　·That's it!<br>·Wipe/wash your hands of it　·Over and out<br>·Shred/discard/burn it, throw it away ·Sign off<br>·Put a lock on it　　　　　　·That's a big 10-4<br>·Lock it and throw away the key<br>·Send/delete/recycle/close/save<br>英語中"再見"的表達方式:<br>·"Farewell."　　　　　　　　·"Good day."<br>·"See you."　　　　　　　　·"Cheers."<br>·"Later."　　　　　　　　　·"Catch you later."<br>·"So long."　　　　　　　　·"Have a good one."<br>·"All right, then."　　　　　·"Take care."<br>·"Peace." or "Peace off."　　·"Be well." |

165

| | |
|---|---|
| 超過三分鐘<br>適合科目：語言藝術<br>兩人一組<br><br>道具：每一組一張紙，一支筆，一張拼詞字母表。<br><br>準備：掛一張拼詞字母表，標上字母和分值。<br><br>注：1.如果你想增加這個活動的難度並將它與學科內容聯系起來，就讓學生拼出與特定主題有關的單字。如果你打算這樣做，讓學生最少選擇六個字母。<br>2.可以透過改變字母的分值，重複使用此激勵法。學生們很擅長記憶哪些字母最能得分，因此要將字母表混合起來。 | **171.ScraPPle"拼字遊戲"**<br>目標：透過計算單字得分。<br>-這個遊戲和傳統的"Scrabble"拼字遊戲很像，但又不完全相同，所以我們叫它"ScraPPle"。<br>·與你的同伴一起從字母表中選擇五個字母，但元音字母除外。把它們寫在你的紙的頂部。字母數量的多少應該根據學生的年齡和能力來定。<br>·看著拼詞字母表並在每個字母下邊寫下這個字母的分值。例如，如果你選擇了S，你會發現S值一分，因此在S下邊寫1。<br>·將拼詞字母表展示在投影幕布上，圖紙上，或交互式白板上。給學生時間來計算這些字母的分值。<br>·你會注意到這個字母表中沒有元音字母。可以自由使用元音字母：使用幾個元音字母，或者在哪兒使用元音字母由你自己決定，但是母音字母是不計算分值的。<br>·現在你們的任務是用你們所選擇的字母，以及你們所需要的元音字母盡可能拼出更多的單字。可以根據你們的需要多次使用字母，但只能使用你們所選擇的字母。<br>·當我提示你們停止的時候，你們要計算出你們一共得了多少分。<br><br>拼詞字母表：<br><br>B = 2　　J = 6　　Q = 7　　X = 7<br>C = 2　　K = 5　　R = 3　　Y = 4<br>D = 1　　L = 2　　S = 1　　Z = 8<br>F = 4　　M = 2　　T = 1<br>G = 4　　N = 2　　V = 5<br>H = 3　　P = 3　　W = 5 |

| | |
|---|---|
| 超過三分鐘<br>適合科目:語言藝術<br>兩人一組<br><br><br>道具:紙和筆。<br><br><br><br>注:詩歌是釋放情緒的有效方式,寫作有利於精神宣泄並降低負面情緒的影響。 | 172. 情緒詩<br>目標:根據特定的格式寫一首表達情緒的詩。<br>・這個活動中的詩歌是依據五行詩來創作的,但是它已經更名為對麻煩局面的熱烈響應。當班上同學感到焦慮、沮喪或對某事感到生氣的時候使用這個激勵法會很有效果。如,對家庭作業的焦慮,雨天阻止了他們的課外活動。讓班級中的負面情緒成為這些詩歌的主題。<br>・現在我們都感到焦慮/沮喪/生氣,因為＿＿＿。<br>・因此在小組中你們必須充滿感情地去表達你們的感受。<br>・一起合作創作一首詩來表達你們此刻的感受。<br>・根據這個大綱來:<br>　第一行:主題,你們強烈的感情。用名詞寫出來。<br>　第二行:兩個描述的單字,或形容詞,進一步抒發這種感情。<br>　第三行:三個動作詞或動詞,與這種情緒有關的詞。在此你可以透露你喜歡做什麼,或者你想做什麼。<br>　第四行:用四個單字來表明你希望事情將會不同於之前,或表達你希望看到的變化。<br>　第五行:用一個詞進行總結。<br>・展示或寫一首詩作為例子。<br>・可以簡單地討論班級正處於什麼樣的負面情緒中,幫助學生快速進入角色。<br>・最多給學生五六分鐘的時間,即興創作詩歌。<br>・在班上分享這些詩歌。<br><br>報告:討論如何寫詩才能達到目的。<br><br>情緒詩樣例:<br>憤怒<br>大聲地,快速地<br>搖頭,咬牙,皺眉<br>家庭作業應該少一點<br>憤怒淹沒了一切 |

| | |
|---|---|
| 超過三分鐘<br>適合科目:語言藝術;社會課程<br>全班分為小組 | 173.動作電話<br>目標:傳遞一個信息,但這個信息只能透過動作來表達,並觀察它改變了多少。<br>·在這個遊戲中,你們小組要站成一排,面向同一個方向。確保給每個組提供足夠的空間。 |
| 道具:動作卡片(任意的)。 | ·把動作卡發給站在最後面的人。<br>·他將觸碰前一個人的肩膀,然後那個人轉過身來觀看他表演動作卡上的內容。在那個時候,活動只涉及兩個人——表演者和觀看者。 |
| 準備:將一些動作場景寫在卡片上或紙條上。 | ·倒數第二個人(觀看者)將觸碰他前面那個人的肩膀並將這個動作重複一遍,依次下去,直到站在最前面的人接收到資訊。<br>·站在最前面的人要記住動作的順序直到在全班面前分享這個動作。<br>·活動中不允許交談。所有的都靠動作來完成。<br>·當你們組完成之後,坐在地板上聽候指示。 |
| 注:1.除了使用動作卡片,你可以把動作寫在黑板上確保每排的最後一個同學能看見。然後快速擦掉這些線索。這能夠讓這個激勵法更具有自發性,只要你們能夠快速想出這一系列動作。<br>2.提醒學生們盡管這個活動叫作"動作電話",但事實上是不允許交談的。 | ·這不是一個挑戰速度的遊戲,這是一個與溝通交流有關的遊戲。<br>·當所有組都完成之後,讓每一組站最前邊的人表演出他們所接收到的動作。<br><br>報告:討論最初的資訊變化了多少,或者沒有多大的變化。<br><br>動作樣例:<br>1.換輪胎。<br>2.在公園裡撿垃圾。<br>3.給嬰兒換尿布。<br>4.洗碗。<br>5.做蛋糕/比薩/或任何一餐。<br>6.尋找丟失的鑰匙/家庭作業/書籍。<br>7.給某人剃頭或做髮型。<br>8.挖釣魚用的蚯蚓。<br>9.給一隻大的長毛狗洗澡。<br>10.把超級膠水粘在了錯誤的東西上。<br>11.吃霜淇淋/義大利麵條/喝熱湯。 |

| | |
|---|---|
| 超過三分鐘<br>適合科目：美術課；社會課程；自然科學<br>兩人一組<br><br>道具：紙和筆/彩色筆。<br><br>注：這個激勵法可以用在美術課，或語言藝術寫作課的開頭，作為這些課程的一部分。最開始所進行的創造可以作為激勵法，其餘部分的工作可以稍後再進行。 | **174. 超級英雄**<br>目標：創造一個超級英雄。<br>·你關注過多少關於超級英雄的電影、卡通、或電視節目。<br>·和你的同伴一起，你們將創造一個最完美的超級英雄。你們的超級英雄可以是男性、女性、動物、人類……可以是任何你們所想創造的。<br>·先確定他所擁有的超能力是什麼，並根據這些他所擁有的超能力來創造適合他的形象。<br>·然後，給他想一個名字、一套服裝，以及一個姿勢。<br>·如果你有時間的話，給你的英雄想一個特定的短語或表達方式——甚至是一段簡短的旋律——你的英雄可能會一直使用的這些。<br>·祝大家在遊戲中玩得高興。 |
| 超過三分鐘<br>適合科目：語言藝術<br>小組<br><br><br><br>道具：兩卷或三卷卷紙。 | **175. 廁所故事**<br>目標：以小組為單位講一個故事。<br>·將班級分為四到五個人的小組，每個小組發一卷卷紙。<br>·讓學生傳遞卷紙，每個學生撕下幾格紙，你們可以想撕幾張就撕幾張。這時候還不能告訴他們這幾格紙是用來幹嘛的。<br>·將紙卷收回來（防止學生在講故事的過程中不停地撕紙），並告訴學生們：現在你們要一起合作來講一個故事。<br>·每個人每次只能說出他手中擁有的紙的數量那麼多的單字。換句話說，我有兩格紙，那麼我每次只能在故事中加兩個單字。<br>·你們可以討論這是一個關於什麼的故事。你們只需要讓故事發展下去。但是故事一定要有一定的意義。<br>·保持在圈子中輪流進行，根據你有多少格紙來添加單字。如果你正好趕上句子的結尾，說一個"句號"然後開始一個新句子。<br>·在每一組中選出一個人作為故事的起頭者，並在你說了"曾經這裡有一個……"之後讓他們開始。<br>—這個故事可以繞著圈圈輪幾次，但是每個學生只能添加他們手中擁有的紙格的數量那麼多的單字。<br>—給學生幾分鐘時間講故事，然後提示他們安靜。邀請學生們來分享他們還記得的故事。 |

| | |
|---|---|
| 超過三分鐘<br>適合科目:語言藝術、自然科學<br>兩人一組<br><br>道具:每個學生一張紙條。<br><br>準備:將各種運勢寫在卡片上(任意的)。<br><br>注:將一些備選的運勢寫在卡片上(見樣例),隨機發放給學生並讓他們享受。 | **176.算命先生**<br>目標:寫下並分享各種運勢,就好像某人在運氣餅乾中一樣。<br>・和你的同伴一起,你們今天將成為算命先生。<br>・當我提示你們開始的時候,在你們的紙條上寫一條運勢。它們應該像是從運氣餅乾中抽出來的一樣。<br>・如果有必要的話可以進行討論,指出各種運勢總是相當模糊且不確定的。你可以考慮先寫一條。<br>・提示學生們開始,並把寫好的運勢收集起來放入容器中。<br>・讓學生們隨機挑一條運勢並大聲讀出來。盡情享受這些歡笑和傻傻的樂趣——記住,每個教室都有頑皮的容身之地。<br><br>運勢樣例:<br>　　對於年幼的學生,允許他們寫簡單的運勢,如"好運氣""今天會很開心"。年齡大一些的學生要將運勢寫得長一些,具體一些:<br>1. 你所有的努力將在不久以後獲得回報。<br>2. 你的笑容把這一天點亮了。<br>3. 你明天將得到一個驚喜。<br>4. 恭喜你!你就要成功了。<br>5. 請跟隨潮流。<br>6. 你的明天是充滿陽光的。<br>7. 你有一個秘密的愛慕者。 |

## 第五章　超越三分鐘

| | |
|---|---|
| 超過三分鐘<br>適合科目：美術；語言藝術<br>兩人一組<br><br><br>道具：紙和筆/彩色筆 抽認卡。<br><br><br><br>準備：將學生能夠認出的人的名字寫在抽認卡上。 | **177. 聽音畫像**<br>目標：僅僅根據聽到的口頭描述來畫一個人。<br>·決定誰是 A 誰是 B。<br>-A同學 你是說話者。B同學 你是畫畫者。你們之後會互換角色。<br>·我將會出示一張卡片 上面是大家都認識的同學名字。<br>·A同學 你需要為B同學口頭描述 讓B同學畫出卡片上的人。你不能說出名字或他的職位。例如 你不能說"這個房間的教師"或者"這座城市的市長"。<br>·你可以這樣說"高高的 黑色頭髮 女性"。<br>·如果卡片上的人是一個卡通人物 說話者可以說它是一個卡通人物。<br>·我將四處走動確保你們沒有給出具體的提示。要讓負責畫的同學發揮他們的想像力 這將是一個非常有趣的活動。<br>·負責畫的同學如果你想到了描述的同學是誰 不要說話 盡可能畫得像他。<br>·讓繪畫者閉上眼睛 舉起卡片 直到所有描述者都能看到。<br>·每個繪畫者有大概五分鐘的繪畫時間 有些同學可能立刻就能猜到畫的是誰 而很多人猜不到 也沒有關係 最後的結果會令人捧腹。<br><br>報告：這個活動能讓我們感受到只根據聽到的線索進行描述是有多麼困難 可以進行合理的討論。<br><br>卡片名字樣例：<br>學校中的教職工<br>音樂或電影明星<br>目前正在學習的歷史人物<br>卡通人物<br>當地的政府官員 員警 售貨員 |

171

| | |
|---|---|
| 超過三分鐘<br>適合科目：語言藝術<br>單個人<br><br>道具：紙和筆/彩色筆。 | **178. 我最喜歡的字母**<br>目標：寫下/解釋/指出你為什麼偏愛某個特定的字母。<br>·你們有誰看過"芝麻街"？(幼兒教育電視節目)你們還記得那個節目如何經常關注某個特定的字母嗎？它被稱為一天中的字母。<br>·現在你們必須選出你們最喜歡的字母。它可以是任何字母——不一定必須是你名字的首字母，儘管可能就是那個字母。<br>·你們必須用那個字母覆蓋你的這張紙(根據你們的時間)。<br>·你可以把它印在紙上，寫在紙上，畫在紙上，給它上顏色。現在，做任何你們想做的來展示你們為什麼會選擇這個字母作為你們最喜愛的字母。<br>·提示學生們開始。如果學生們卡住了，下面的提示可能會有幫助：<br>(1)用大寫或小寫字體來寫這個字母，用不同的大小、形狀、顏色。<br>(2)寫下以那個字母開頭的單字，或者畫出那個字母形狀的物品。<br>(3)給這個字母一個人格特徵：一張臉、兩條腿、手臂、等等。<br>(4)寫出短語來解釋你為什麼選擇那個字母。<br><br>報告：展示這些完成的作品。 |

## 第五章　超越三分鐘

| | |
|---|---|
| 超過三分鐘<br>適合科目:語言藝術<br>單個人<br><br>道具:每個學生一張紙、一支筆。<br><br><br>注:這個活動是新學年認識新同學的一個很好的活動,但是也能很好地用作一個激勵法,因為它打破了學生獨自工作時的緊張感,給他們幾分鐘去思考一下別人。 | 179.我認識你!<br>目標:採訪你的同學,然後再在全班進行報導。<br>·將你的紙平均分成四個部分。然後在每個象限左側豎著寫下 1、2、3。<br>·當我提示你們開始的時候,在教室四處走動去採訪四個同學,每次採訪只能問兩個問題。問這兩個問題:你最喜歡的是____。你們可以選擇食物/電視節目/音樂明星/一首歌,等等。以及現在最讓你們頭疼的事情是什麼?<br>·在第一象限的 1 那個地方寫上你所採訪的第一個人的名字。<br>·在2和3那裡寫上被採訪者對問題的回答。<br>·將採訪另外三個人的記錄填在另外三個象限中。<br>·如果每個人都試圖去採訪同一個人,場面會有一些混亂,因此在你采取行動之前要有計劃。快速查看誰在那個時刻是自由的,然後走到那個人身邊進行採訪。<br>·你們只有六分鐘的時間來採訪四個人,因此需要快速行動。如果不能將四個象限都填完也沒有關係。<br>·當我提示你們停止的時候,回到你們的座位上等待活動的下一個部分。<br>·採訪時間不能超過六分鐘,在這個時間範圍內所有學生都能夠完成一部分。<br>·現在我將說出一個人的名字,如果你們有關於那個人的採訪信息,你們可以說出來。例如,如果我喊"艾倫",而貝基採訪了艾倫,貝基就可以喊出"他喜歡比薩"。如果有好幾個人同時採訪了艾倫,那麼我們將輪流分享我們所瞭解到的資訊。 |

| | |
|---|---|
| 超過三分鐘<br>適合科目:語言藝術<br>小組<br><br><br>注:這看似是一個短效的激勵法,但當小組不能決定哪一樣現代家電需要被淘汰的時候,它也可以引入長期討論。 | **180. 沒有它我們也能活**<br>目標:小組討論決定沒有哪一樣現代的家用電器我們也能很好地處理日常生活。<br>·如今我們使用了太多的現代家用電器,導致現在的家庭與以前的家庭大不相同。<br>·讓我們來想想家中的各種電器。以小組為單位討論幾分鐘,這樣我們就清楚我們的家中有多少電器:如,冰箱,爐灶,微波爐,電水壺,咖啡機,洗碗機,攪拌機,食品加工機等。<br>·作為一個組,你們的任務是決定好哪一樣家電將被淘汰掉,如果必須有一樣被淘汰掉,應該是哪一樣,為什麼?<br>·你們將有五分鐘進行討論。記住,為你們的決定找出理由。<br>·選出一個發言人來分享你們的決定。<br><br>報告:這個激勵法可以引出一個寫作任務,或者討論我們對於物品的過度依賴。 |
| 超過三分鐘<br>適合科目:語言藝術;社會課程;自然科學<br>小組<br><br><br><br><br>道具:每組一張紙,一支筆。 | **181. 不尋常的用法**<br>目標:為常見物品創造出不尋常的使用方法。<br>·你們將進行一個很有趣的挑戰。你們將以小組為單位,集思廣益,盡可能為我所提供的物品想出多種用法。<br>·你們必須十分具有創意。例如,對於這把剪刀,你們可能會說它可以用來削鉛筆,在音樂中發出哢嚓的聲音,像圓規一樣用來畫圈。<br>—我將給你們____(物品名稱)。選擇兩到四個物品,根據你們擁有的時間來決定。每個物品至少給五分鐘的時間。<br>·選擇一個同學來記錄你們的建議。<br>·我們將在思考時間結束後進行分享(在我們完成數學題之後)<br>·提示學生什麼時候開始。<br>·當時間到了的時候,你們可以報告或展示,但是請把這張紙保管好,留著將來使用。<br><br>物品樣例:<br>教室中的工具:釘書機,剪刀,書寫工具,迴紋針,尺子,等等。<br>鑰匙,珠寶,手錶,鏈條,等等。<br>數位產品:手機,智慧手機,筆記型電腦,MP3播放器,平板,電腦,互動式白板,投影機,等等。<br>廚房用具:刀,叉,勺,盤,壺,咖啡壺,攪拌機,室內的煎餅,等等。 |

| | |
|---|---|
| 超過三分鐘<br>適合科目：任意科目<br>全班<br><br><br>道具：每個學生一張紙，一支筆。<br><br><br><br>注：這個激勵法只能使用一次，因為孩子們很快就能明白其中的把戲。然而，它能非常有效地激發學生的學習潛能。 | **182. 不公平的測試**<br>目標：欣賞不公平的測試所帶來的樂趣。<br>·拿出鉛筆和紙來做一個流行的小測試（老師）你要接受學生們的牢騷和抱怨，但還是要板著個臉。<br>·寫下數字 1、2、3。你可以憑自己喜歡使用多少個不公平的問題，但通常三個就夠了。<br>·問出所有的問題，並讓學生交換他們的紙來做記號。<br>·這些測試的每個問題，只用一個正確答案。提供學生這個唯一可以接受的模糊的答案（見下麵）<br><br>報告：討論生活中我們遇到不公正的事情時應該如何用最好的方法去應付它。討論正確與錯誤，帶有陷阱的問題和觀點。<br><br>問題與可接受的答案樣例：<br>1. $H_2O$ 是什麼？魚兒的家。<br>2. 這是什麼？(舉起一支鉛筆) 撓背器。<br>3. 這是什麼？(舉起一串鑰匙) 小孩娛樂工具。<br>4. 你們怎麼來拼這個？(this)（舉起一個物品）T-H-I-S。<br>5. 你們怎麼來拼這個？(舉起一個釘書機) C-L-O-S-E-R。<br>6. 這是什麼？(舉起一隻尺) 樂隊指揮棒。<br>7. 這是什麼？(任何硬幣) 我不夠用的東西。 |

| | |
|---|---|
| 超過三分鐘<br>適合科目:語言藝術;<br>社會課程<br>小組<br><br>注:這個激勵法給了學生們一個戲弄自己的機會,並讓他們辯證地去思考自己的同伴。 | **183. 兩個真相一個謊言**<br>目標:嘗試從謊言中區分出真相。<br>·這個遊戲中,你們必須想出和自己有關的三個陳述句。<br>·其中兩個陳述是真實的,另外一個是謊言。<br>·它們應該是比較短的句子。當你把它告訴你們的小組成員時,你可以打亂你說的順序。例如,你可以先給出一個真相,然後一個謊言,再一個真相。<br>·讓我們試一下。我可能會說:"我很擅長滑冰""我喜歡蘆筍""我已經執教十年"。<br>·現在你們可以猜測哪個是謊言。允許學生們進行猜測。<br>-我會給你們60秒的時間來思考你們的三個陳述,然後你們將在小組中進行分享和猜測。<br>·提示學生進行思考。提示他們開始。<br><br>報告:這是關於真理與謊言的討論是一個很好的課程預設。你可以想出很多說真話的理由,如果你說真話……<br>1. 你不用去記憶其他事情。<br>2. 你會感覺好一點兒。<br>3. 人們將來會更加相信你。<br>4. 你表現了你的正直與誠實。 |

| | |
|---|---|
| 超過三分鐘 適合科目 : 任意科目 小組或兩人一組 道具 : 紙，書寫工具。 | **184. 一閃一閃亮晶晶**<br>目標 : 改寫一首流行的幼兒歌曲。<br>・我們都知道"一閃一閃 小星星"按照節奏朗誦或唱出來 :<br>    Twinkle, twinkle, little star.<br>    How I wonder what you are,<br>    Up above the world so high,<br>    Like a diamond in the sky.<br>    Twinkle, twinkle, little star.<br>    How I wonder what you are.<br>・當我提示你們開始的時候，你們小組或者你和你的同伴一起，你們將根據這個音樂旋律來改歌詞。<br>・準備好將你們所改寫的在全班面前唱出來或說出來。<br>・舉出一個例子。你可以使用路易斯·卡羅爾的《愛麗絲漫遊仙境》中的一個例子，在下面展示一個例子，或者你自己編造一個。如果你的學生們能以積極的態度來對待它，你可以建議他們把他們自己當作話題。<br>歌詞樣例 :<br>Twinkle, twinkle, little pot.<br>I hear you bubbling quite a lot.<br>What foodstuff do you gently simmer?<br>I just can't wait until it's dinner.<br>……<br>Purring, purring, little cat.<br>You're all curled up and kind of fat<br>Sitting on that chair you own<br>Like a queen upon her throne. |

| | |
|---|---|
| 超過三分鐘<br>適合科目：任意科目<br>小組或兩人一組<br>道具：每個組一張紙和一個書寫工具。<br>注：這個激勵法可以用作有關組織任務或細分任務課程中的課程預設，這是我們所有人都需要被提醒和練習的領域。 | **185. 一點一點地啃**<br>目標：把任務分成小的組成部分。<br>・我知道你們所有人都有過這樣的經歷：做一件看起來十分巨大的事，或一件可怕的看起來永遠做不完的事。<br>・在這個遊戲中我們將從一個任務的外面一點一點兒慢慢地啃，或者細細地咬。<br>・我將給你們一個想像中的任務。在你們的小組中，嘗試將它打碎成極細小的部分。<br>・你可能想從後面開始工作，從已經完成的任務開始並將它打破回到剛開始的地方。或者你可以簡單地思考你將如何開始。<br>・在任何情況下，快速記下你們要啃的那塊兒以便有利於采取行動。<br>・由於這些任務都是虛構的，因此不存在正確或錯誤的完成任務的方式，但是記得要從最後面開始進行采取細微的步驟或一點兒一點兒地啃。<br>－選出一個記錄員，在你們一起思考的時候，他負責快速記下步驟。<br>任務樣例：<br>1. 讓你們變成一群超級英雄。<br>2. 為100個朋友做一頓義大利麵晚餐。<br>3. 創建一支搖滾樂隊，將在今晚進行表演_____。<br>4. 發明治療孤獨/無聊/恐懼/嫉妒的方法。<br>5. 設計完美的辦公桌/滑板/自行車/滑雪/溜冰鞋。<br>6. 帶一隻狗去威斯敏斯特的狗展。<br>7. 設計出完美的老師/兄弟姐妹/父母/朋友。 |

| | |
|---|---|
| 超過三分鐘<br>適合科目:任意科目<br>兩人一組<br><br>道具:四個小氣球(每兩個顏色相同)、兩把米,每組一把剪刀。<br><br>準備:收集材料(氣球、米)做一個氣球的樣例。<br><br>注:這些完成的產品可以收集並保存起來,用作有些任務需要使用的沙包。或者可以把它們當作禮物,如,成年人的減壓球,小孩子的玩具,等等。 | 186. 米球搖滾<br>目標:每一組製作兩個米球(一人製作一個)<br>·你們將和同伴一起工作,這樣你們可以相互幫助。<br>·最後你們將各自完成自己的米球。<br>·在製作過程中我將和你們交流,我們將一起來製作它們。<br>·用拳頭多的米來填充氣球並把氣球捆起來。<br>·將另一個氣球伸展開並覆蓋在第一個氣球上,確保完全覆蓋並把氣球捆好。<br>·在捆第二個氣球的時候讓它儘量靠近裡面的那個氣球。<br>·用剪刀剪掉捆綁的部分,剪的那部分要盡可能靠近氣球。<br>·現在仔細地剪外面的那個氣球,將它剪成小塊。向學生展示一下。有的學生可能會剪到裡面那個氣球,或者把洞剪得過大,因此手邊要有額外的氣球以便使用。最後你們的作品將會出現裡面氣球的顏色斑點外露出來的效果。<br>·透過輕輕地在手中滾動氣球來塑造它的形狀,直到它有一個漂亮的形狀為止。 |

# 第六章　今天與明天

新版本的《三分鐘激勵法》增加了全新的一章.主要考慮的問題是現今的孩子都沉迷於現代科技之中.當務之急是探索如何幫助學生們解決課內外緊張的學習任務所帶來的壓力和焦慮。同成年人一樣.學生們今天所面臨的新挑戰和緊張狀態對他們如何管理學習和生活有巨大影響。我們將為我們的學生(和我們自己)在如何快速和輕鬆應對壓力方面提供幫助。

一些"今天和明天"中的活動是根據三分鐘激勵法的形式建立起來的.其他的一些活動.無論是在課堂內還是課堂外.方法都更加個性化一些。

## 科技氾濫

當今的學生可謂是在數位化環境中成長起來的.這是一個他們把電腦裝在褲兜裡的數位化環境。他們十分熟悉關於科技的所有事情.因此激勵法從看似主導他們生活方方面面的科技入手會很有意義。正如本書的其他活動.這一章的激勵法也是一些快速和簡易的活動.以激發和鼓舞學生.並且為正在教學的各個學科提供了短暫的中場休息。

"科技氾濫"這一節中的活動在一定程度上把注意力放在數位化環境上。它們和在教室中認識.瞭解和理解科技直接相關。

1.這些以"指尖上的數位化"為標志的活動要求電腦能夠上網.在以計算機為基礎的課上它們會成為很棒的激勵法。即便是將自然動機附加到以電腦為基礎 的課程中.學生們仍然會焦躁不安.分心.或將任務屏蔽。你所需要做的就是提示學生們引起注意.讓他們保存正在做的內容並關閉網頁。然後他們就會為這個激勵法做好準備。確實這些活動可能不止花三分鐘.但是如果你嚴格遵循時間建議的話.你是可以合理分配時間的。

2.以數位化課桌為代表的活動是和科技相關的.但也可以在學生的課桌旁進

# 第六章　今天與明天

行。這讓他們很容易融入課程,利用學生對科技的興趣和了解來幫助他們帶著新的熱情回到正在學習的課程中。除了其中的一個活動,其餘活動都是由兩人一組合作完成的,因此增強了學生的溝通技巧,認知能力和記憶力。

3. 這一節的所有活動都挑戰了學生對技術應用的理解,並讓他們回憶,聯想,甚至讓他們重新構建他們已有的認知。

4. 這些三分鐘激勵法很多是以個人為單位進行的,但是可以簡單地讓學生們兩人一組或以小組的方式共同合作以便於解決社會化問題。

活動中凡是標記"單人活動"的地方,請記住這僅是一個簡單的建議性的指導。

| 指尖上的數位化 適合科目:實例;調查 兩人一組 準備:收集真實/虛假的事實。 注:這個活動可以有效地幫助學生獲得新的知識並鞏固已有知識,同時也為研究技能提供了實踐的機會。 | 187.事實或虛構 目標:做一個數位化調查以從虛構中發現事實。 ・現在我們要花幾分鐘的時間來轉換一下注意力。 ・停下你們正在做的事情,關閉並保存你們的任務。 ・現在仔細聽著我所讀的這些陳述句。你們有60秒的時間來弄清楚它是否是真實的,也就是說,它是事實或是虛構的。 ・你們可以用電腦進行搜索。 ・提示學生們開始和結束,儘管並非所有學生都找到了答案。 真實/虛假的事實例子: 1. 陌生人停下來為一輛殘缺的豪華轎車換輪胎的時候,他的努力得到了回報,當這輛車的乘客,唐納德特朗普還清了他的抵押貸款之後(假) 2. 一名警官向女服務員承諾,如果他中了彩票,他會給她一半(真) 3. 打破鏡子會帶來七年的壞運氣(未經核實的) 4. 太陽雨會帶來好運氣(未經核實的) 5. 在你的地址欄中創建一個虛假的入口能夠防止病毒透過郵件進入你的電腦(假) 6. 斯坦利杯曾經被遺忘在雪堆裡(真) 7. 迪士尼樂園曾經拒絕長髮的男性客人進入(真) 內容真/假樣例: 1. 中國的長城是唯一可以從月球上用肉眼看到的人造物體(假) 2. 1901年製造的電燈泡和今天的電燈泡一樣亮(真) 3. 一個凸形(向外)的四邊形,有一對邊是平行的,它在美國被稱為不等邊四邊形,在世界其他地方被稱為梯形。在兩個例子中它都源於希臘語中意思為"小桌子"的單字(真) 4. 太陽提供了生命所需的所有能量(假:某些微生物不能從太陽獲得它們所需的能量,而是從無機物中獲得。) |

| | |
|---|---|
| 指尖上的數位化<br>適合科目:實例;調查<br>兩人一組<br><br><br>準備:編寫一些學科觀點。 | **188.那時和現在**<br>目標:做一個數字調查去探尋現代工具或電器的根源。<br>·我認為我們都同意我們是活在一個不斷變化的環境中·在這個環境中每天都會出現新的電子設備·電器和工具。<br>·這個遊戲中你們必須一起合作·去探尋在這個物品成為如今的樣子之前·過去我們使用的或擁有的是什麼樣的。我們將把當前的物品叫作"今天的工具"。<br>·我們將把在當前物品之前的叫作"過去的工具"。例如·如果"今天的工具"是頭髮直發器·"過去的工具"可能是___。讓學生們進行回答·如·熨斗·熨衣板。<br>·用你們的電腦去搜尋可能的"過去的工具"。<br>·在成為"今天的工具"之前·它可能不止一種"過去的工具"·因此你們要一直查找·直到我提示你們停止。<br><br>"今天的工具"樣例:<br>電腦　　　　電子閱讀器<br>平板　　　　耳機<br>智慧手機　　閃光驅動<br>iPods　　　　播客<br>iPads　　　　數位照片的故事<br>筆記型電腦　博客<br>電子郵件　　網路欺凌<br>社交網路:臉書·Instagram(一款圖片分享的應用)·推特·等。 |

第六章　今天與明天

| | |
|---|---|
| 指尖上的數位化<br>適合科目:實例;調查<br>小組活動<br><br><br>準備:科技的例子見<br>"那時和現在"上。 | 189. 好的、壞的、十分糟糕的<br>目標:表達你對科技的主觀意見。<br>・你是否聽過有人說今天的科技是壞的、是有害的、比起它的價值它造成了更多的問題。讓幾個同學就這個問題回答一番。<br>・這個遊戲中、你們要就某種特定的科技進行小組討論。<br>・我將說出一種科技的名稱。你們將決定它是好的、壞的、十分糟糕、或好壞參半。<br>・關鍵在於你們只能做出一個決定、你們只有幾分鐘的時間來說服彼此。<br>・說出一種技術設備或基於科技的行為。<br><br>行為樣例:<br>上網/打遊戲<br>網上聊天/約會/分享個人資訊<br>使用電子郵件/社交網路<br>網上銀行/網購/網上交易<br>無限的在網頁上曝光/專業網站/成人網站 |
| 指尖上的數位化<br>適合科目:單字課;<br>調查<br>兩人一組<br><br>道具:單字搜索軟體。<br><br>注:1.這是一個加強和複習重要詞彙的好方法、已經完成的項目可以打印出來、以後在班裡使用。<br>2.這個活動可以在中途休息的時候重複幾次、把它用作幾個激勵法。 | 190. 科技搜索<br>目標:以科技詞彙(或學科詞彙)為依據、進行單字搜索。<br>─ 和你的同伴一起、你們將用你們可以想出來的盡可能多的科技/自然/數學詞彙做一個單字搜索、或者更具體的搜索內容領域的單字。<br>・首先你們必須用你們的電腦發現一個好用的搜索單字的程式。<br>・我只給你們三分鐘時間、因此你們必須得快速工作。可以根據具體情況調節時間。<br>・當我提示你們停止、保存你們的任務、我們稍後再回到它。 |

183

| | |
|---|---|
| 指尖上的數位化<br>適合科目:實例;調查<br>小組活動<br><br>道具:準備一系列工具/技術設備。<br><br>注:學生們很喜歡這個活動,如果它們不能找到一個物體的歷史,允許他們進行創造和想像或者讓他們編造。 | **191.回到過去**<br>目標:向前追溯一項當今科技的歷史。<br>·在這個遊戲中,每個組將圍繞一個設備或科技進行工作。<br>·我將為你們選擇一項設備或科技。<br>·你們的任務是追溯這個物品的歷史,並盡可能嘗試回到最早的歷史階段。例如,如果這個物品是智能手機,首先你們可以追溯到手機,然後到無線電話,然後……允許學生給出一些回答。<br>·你可以用電腦進行搜索。你可能必須得有創意。<br>·讓其中一個小組成員記錄所有追溯的步驟。<br>·在允許的時間內盡可能往前追溯。<br><br>科技例子:<br>互動式白板　　　　DVD燒錄機<br>電子閱讀器　　　　機器人手術<br>電子郵件　　　　　語音應答系統<br>微波爐　　　　　　平板<br>室內燒烤　　　　　信用卡和讀卡器<br>家庭劇院　　　　　數位氣體泵<br>會說話汽車　　　　電腦伺服器<br>能自動停車的汽車　搜尋引擎 |
| 指尖上的數位化<br>適合科目:詞匯課;<br>調查<br>兩人一組<br><br>道具:在線填字遊戲程式。<br><br>注:像"科技搜索"一樣,這個三分鐘激勵法可以被分解為幾項小的作業,然後再回到原來的場景中。 | **192. 科學術語填字遊戲**<br>目標:只用科技詞彙(或學科用語)來創造一個填字遊戲。<br>·你們將和你們的同伴一起創造一個有趣的填字遊戲,但是你們只能使用和科技/自然/數學有關的詞彙。你可以讓他們使用一般的學科詞彙,或者更具體的知識領域的單字。<br>·首先你們必須在網上找到一個填字遊戲機。<br>·收集一列單字。<br>·記住每一個單字,因為你需要給它們定義。這是用戶如何想出這個字謎的方法。因此給你的單字做出簡明扼要且明確的定義來作為解謎的線索。<br>·使用這個填字遊戲機把你的單字填進去,讓它成為一個字謎。在沒有填字遊戲程序的情況下這個激勵法也可以完成;讓學生把這些單字連起來,就好像他們將這些單字填入真正的填字遊戲一樣。 |

第六章　今天與明天

| | |
|---|---|
| 指尖上的數位化<br>適合科目:實例,調查<br>兩人一組<br><br>道具:編輯一列不常用的單字。許多網站上有很多奇怪的且精彩的單字,讓一個志願者或年齡大一點兒的學生為你搜集一列單字。<br><br>注:這通常是一個很快速的活動,結果常常令人捧腹。你可以給每個組不同的單詞,這樣在分享的時候結果會更加有趣。 | 193. 不同尋常&獨一無二<br>目標:做一個數位化搜索,來鑒別單字是不常見的或是獨一無二的。<br>·和你的同伴一起,你們將在網上搜查我所提供的單字的有關線索。<br>·這個單字可能和事情有關,這些單字可能和東西、人或情景有關。但是它們都是不常見的或獨一無二的。<br>·你們必須快速記下你們所發現的任何信息,並且指出這個單字的不尋常之處或獨一無二之處。<br>·問題的關鍵是你們只用能10到15個單字來給每個詞下定義——不能有更長的定義。你們必須讓它保持簡短且精確。<br>·每次給一個單字,只給學生幾分鐘的時間進行搜索。<br>·你可以進一步讓學生們搜索不同尋常的或獨一無二的物品、人物、情況然後讓他們進行報導。<br><br>單字樣例:<br>·Jackalope　　　—Interrobang<br>·Knucker　　　—Rannygazzo<br>·Haberdasher　·Rumbledethumps |
| 指尖上的數位化<br>適合科目:調查<br>兩人一組<br><br>注:這個活動對學生們來說很有趣,可以引導他們探索最新科技的創意用法。 | 194. Web 2.0<br>目標:熟悉Web 2.0工具類型,並選擇一類進行嘗試。<br>·在互聯網上,你可以找到很多叫作 Web 2.0 的工具程式。<br>—穀歌"Web 2.0 tools"會出現很多相關的網站鏈接,選擇一個看起來吸引人的網站點進去。數位化工具通常分為演示、視頻、移動裝置,以及各種社區,因此每次使用這個激勵法時最好限定學生只使用其中一個類型。<br>·你和你的同伴將快速搜索並選擇一個你們想看到我們在課堂上使用的工具。<br>·你必須大量快速瀏覽這許多的可能性,然後去個人網站上找一個看起來有趣的工具。<br>·快速記下你所選擇的工具,並用幾句話解釋它。<br><br>報告:讓學生們展示他們的發現。<br><br>拓展報告:在課堂活動中使用學生們的發現成果。 |

185

| 指尖上的數位化<br>適合科目:科技<br>兩人一組<br><br>注:1.這與143頁的"單字網球"類似,但不同的是只允許使用與科技相關的詞彙。<br>2.互聯網上提供了大量的科技詞彙,然而,在這個激勵法中,只能使用學生頭腦中的單字。 | **195.科技詞彙賽**<br>目標:口頭上來回說出與科技相關的詞彙,不能重複。<br>·面向你的同伴坐著。<br>·決定好誰是A,誰是B。<br>·當我給出開始提示的時候,你們之間快速地來回說出單字,停頓不能超過三秒,也不能說"嗯""呃"或者有其他猶豫的方式。<br>·這些單字必須在一定程度上和科技相關。<br>·從B同學開始。一旦B同學說出了一個單字,A同學必須立馬說出另一個單字,以此類推。<br>·如果其中一個同學想不出更多的單字,那麼另一個人獲勝。<br>·如果其中一個同學說出的不是科技詞彙,那麼另一個人獲勝。<br>·這是為了有趣好玩,因此請大家享受這個單字比賽。<br>·提示學生開始。在大多數人卡住的時候停止活動。 |
|---|---|
| 指尖上的數位化<br>適合科目:科技<br>兩人一組<br><br>注:與175頁中的"科技詞匯賽"所不同的是,這個活動中每個單字必須能在某種程度上引發下一個單字,這些單字不是隨機說出的,因此會更加困難。 | **196. 與科技相關聯**<br>目標:快速說出一個與前一個單字相聯繫的與科技相關的單字。<br>·面對你的同伴坐著。<br>·決定誰是A,誰是B。<br>·當我給出開始提示的時候,你們開始快速地來回說出單字,停頓不能超過三秒,不能說"嗯"或"呃",也不能有其他猶豫方式。<br>·這些單字必須在某種程度上與科技相關。<br>·從B同學開始。一旦B同學說出了單字,A同學必須馬上說出一個單字並以此繼續。<br>·但接下來是關鍵之處。這是一個單字聯合賽,這意味著每一個單字必須在某種程度上與前一個單字有所關聯。舉一個和科技不相關的例子,如果這個詞語是"黑暗",那麼下一個單字可以是"天空"或"夜晚"。這兩個單字都和"黑暗"有關聯。如果與"黑暗"相關的是"夜晚",那麼下一個單字要在一定方式上與夜晚相關,如"星星"。<br>·但是需要記住的是,這些單字必須和科技相關。<br>·當然,不必每一個單字都是科技詞彙,它可以是和科技相關的但它自身不具有科技性。比如,如果第一個單字是"手機",下一個單字可以是"吵鬧的",然後下一個可能是"電子遊戲"(你可能感到比較吵鬧的東西),以此類推。<br>·儘量把聯繫帶回科技方面。<br>·提示學生開始。在一旁留意觀察,如果學生偏離主題太遠,說明他們回到科技詞彙。 |

| | |
|---|---|
| 指尖上的數位化<br>適合科目：科技<br>兩人一組 | 197. 按字母順序談論科技<br>目標：進行一場與科技相關的談話，每個人必須按照字母表的順序開啟下一個單字。<br>・面向你的同伴坐著。<br>・決定好誰是 A，誰是 B。<br>・你們將進行一場與科技有關的對話：電腦、遊戲、電視——任何與現代科技有關的。<br>・但問題的關鍵在於，在每個人開始說話的時候，他必須以字母表中的下一個字母作為他所說的單字的開頭。例如，A 同學說，"A computer is a useful tool ( A 電腦是一個有用的工具)"，然後 B 回答，但他必須以 B 開始說話，"But sometimes they break down (但是它有時會壞掉)"，然後 A 可能會說，"Can you fix your own computer? ( 你能修好自己的電腦嗎)"<br>・一直繼續對話，直到你們到達字母表的末尾。 |
| 指尖上的數位化<br>適合科目：科技<br>兩人一組<br><br>道具：紙和筆。<br><br>注：活動可以在共同研討那部分停止，事實上這個活動可以用在美術課上。 | 198. 需要一個 App<br>目標：設計一個有用的新的 App。<br>- 如今有很多應用程序供我們使用，你最喜歡的應用程序有哪些？允許學生們來回答幾個。<br>・要是你自己能夠設計一個 App，它是一個和什麼有關的應用程序？它看起來是什麼樣子的？<br>・你和你同伴的任務是想出一款你們認為有用的、令人激動的新的 App，然後設計它的外觀。<br>・你們需要共同研討出目前還沒有的一個應用程式。<br>・然後你們畫出你們的設計，給它上色、等等，盡可能讓你們的 App 看起來具有吸引力。 |

| | |
|---|---|
| 指尖上的數位化<br>適合科目：科技<br>兩人一組<br><br><br>道具：紙和筆。<br><br><br><br>注：許多我們今天所熟悉的科技術語以前的意思和現在完全不同。這個有趣的活動讓學生們去探索那些古老的定義。 | **199. 它曾經是……**<br>目標：確定當今科技術語以前的含義或古老的意思。<br>・你和你的同伴將去發現我們今天所使用的一些單字在過去的意思，並從中發現樂趣。<br>・科技為它自己創造詞匯，但是有一些單字屬於我們所說的舊詞匯。例如，"比特(bit)"是電腦的最小度量單位，但是在舊詞彙中，它的意思是很少的、微不足道的量或零星的丁點。<br>・當我提示你們開始的時候，你們要集思廣益共同探討並快速記下盡可能多的科技詞彙。一直討論下去直到我提示你們停止。<br>・提示學生開始，給學生五分鐘的時間，然後提示他們停止。到那時學生應該會有10到20個單字。如果學生們卡住了，可以全班一起來想單字，然後讓小組記下哪些是舊詞哪些是新詞。<br>・現在檢查你們的單字是否屬於舊詞彙。如果他們屬於，那麼他們在過去是什麼意思？或許他們現在仍然是那個意思，盡管大多數時候使用科技這層含義。<br>・並不是所有的單字都屬於舊詞彙。但是如果你認為它是，在科技上的定義旁邊寫出它舊的定義。<br>・如果你不知道舊的詞彙定義，你可以進行編造。<br>・提示學生們開始，將在你想轉換他們注意力的時候停止活動。<br><br>帶有以前含義的科技術語樣例<br><br>・Address　・Surfing　・Virus　・Tablet　・Flaming<br>・Cloud　　・Spam　　・Worm　・Thumbnail　・Frozen<br>・Anchor　・411　　・Browser　・Application　・Hit<br>・Android　・86　　・Hardware　・Blob　・Host<br>・Apple　　・Bookmark　・Java　・Boot　・Server<br>・Cookies　・Endpoint　・Platform　・Bug　・Programmer<br>・Hot spot　・Firewall　・Desktop　・Burn<br>・Navigate　・Hacker　・Twitter　・Crop<br>・Thread　・Ram　・Tweet　・Excel |

第六章 今天與明天

## 釋放壓力

這一節中的活動節奏快且容易完成，並能教會學生一些在日常中會運用到的生活技能。在他們感到壓力、焦慮、沮喪、無聊，甚至憤怒產生消極行為的時候，這些活動都可以起到積極的作用。所有的這些活動都可以獨立完成，只要學生們練習過一次，就不再需要老師進行指導了。即使學生們實際上並不相信他們能從活動中獲得平靜或得到釋放，但是至少這幾分鐘的分神是有積極效果的。

作為一個成年人，想像一下以下的場景：你被卡在交通擁堵中；你在醫生的辦公室外面等待了很久；身在一場讓人厭惡的辯論中或一次讓人不舒服的會面；無論到哪兒都得排隊。厭惡感不斷建立起來，緊張感累積起來。為什麼不試一試"釋放壓力"呢？相信我，它們很有效果。

對於學生來說，每天面對無數次這樣的經歷：感覺受到威脅、焦慮、緊張、害怕、孤獨、不確定，或者僅僅是平常的惱怒。假如你在課堂上所介紹的這些活動，他們能記住一兩個並有效地運用它們去化解上述這些消極情況，那將是極好的。這只需要你指出的一點，那就是：這些時髦的活動中的任何一個都能夠，且確實應該被用在日常生活中。一個不錯的想法是討論何時、何地，以及何種情況會用到它們。一個更好的想法是：用它們來重新集中你的課堂。

1. 所有活動只需要使用大腦和身體，不需要道具(除了196頁的"嚼兩下")，沒有外部獎勵，也沒有競爭。

2. 這些活動和課程沒有關聯，迅速且容易進行，並可以融入任何班級、任何科目，或在任何時間使用，或用於任何年齡組。

3. 它們能夠很快讓人放鬆且讓人充滿精力，並能夠隨時隨地進行。

## "釋放壓力"的小提示

1. 每次活動結束後，是否快速討論每個活動的效果，取決於時間、地點和學生的需求。

2. 和學生們分享他們此時此刻所做的事情的想法，是送給他們未來的自己的禮物。

3. 如果你在一個精力不集中的混亂的課堂上感覺到了壓力，很有可能學生也在經受這種壓力，因此這些減輕壓力的快速活動效果是多方面的。

4. 一個好的想法是讓學生們列出他們最喜歡的釋放壓力法，並將它們輸入平板電腦、筆記本電腦，或社交網絡平台上。如果記錄這些讓他們感到舒服的話。這讓學生們在需要的時候更有可能會使用它們。或者學生們可以開一個博客用來描述他們最喜歡的釋放壓力的活動並讓其他人來寫反響。

　　我們都明白我們的思維是處於一個不斷忙碌的狀態。我們感到焦慮，我們過度思考，我們計畫，我們預測，我們歸類，我們猜想，以及我們一直在小題大做，甚至在課堂中也一樣(這意味著老師和學生都是這樣)。加州大學洛杉磯分校意識研究中心的主任戴安娜溫斯頓說："我們越是練習回到當下，我們就會感到越少的焦慮。""減輕壓力"這些激勵法鼓勵集中精力，哪怕只是片刻。它們幫助大腦短暫地停止運行和減慢速度，這又反過來說明身體的其他部分平靜下來，並讓人感覺更加的踏實。

　　大多數技法都是從治療學中借鑒過來的，如指壓法、按摩、冥想、正念、拉伸、健身、健康，以及情緒自由法。

　　由於"釋放壓力"中的活動不與具體的學科或內容領域相關聯，因此在13~29頁的表格中它們被列在"生活技能"下面。

---

**200. 強顏歡笑**

目標：微笑這種行為，即使不是發自內心的，是強顏歡笑，它也能使自主神經系統發生變化從而產生一種幸福感。

·坐下並坐得直直的。

·有意識地收緊你的面部肌肉，尤其是你的前額和下巴，這是控制緊張感的地方。可以透過用力向前伸或者做鬼臉來收緊下巴。

·保持住並默數15下。

·現在放鬆你的臉部。

·收緊你的肩膀並向上隆起你的背部，保持15秒。

·現在放鬆你的肩膀，有意識地讓它們放鬆。

·收緊你身體的下半部分並保持15秒，擠壓你的下半身。

·現在，放鬆你的整個身體，並強迫自己做出一個巨大的笑臉。

·保持微笑15秒。

第六章　今天與明天

| 注：55%的人在看到別人打哈欠之後的五分鐘內也會打哈欠，因此讓全班人打哈欠應該不會太困難。 | 201.假裝打哈欠<br>目標：有研究表明，打哈欠能暫時增加心率(像注射了腎上腺素一樣)，同時讓大腦降溫。<br>·坐下或站起來，向後拉伸你的肩膀，完全地打開你的呼吸道。<br>·深深地進行吸氣並讓它慢慢地呼出來。<br>·嘗試打一個大大的哈欠。<br>·嘗試幾次直到你能夠打出一個完美的假裝的哈欠。我將告訴你們何時停止。<br>·留意那些成功的嘗試和不成功的嘗試，根據時間進行判斷。通常60秒到90秒就足夠了。<br>·透過發現班上最大的一個哈欠，你可以把這個快速的活動上升到競爭的層面。 |

202.響亮的沉默

目標：這個活動涉及完全靜止，專注於沉默時的意識。

·雙腳放在地板上，非常舒適地坐著。這次懶散的坐姿是被允許的，因為舒適是關鍵。
·現在打開你內心的耳朵並仔細地聽著這一切，但你自己要完完全全地安靜下來。
·嘗試專注於這靜默。你們聽到什麼樣的背景聲音？
·只需要思考這種靜默。
·這樣的靜默讓你的耳朵和腦袋感覺如何？
·保持至少60秒。

報告：沉默有時是非常響亮的，這個快速的活動要求進行後續討論。

| 注：只能在非常安全的環境中使用，例如，不開車、不走路，或完全不動的狀態中。 | **203. 在顏色中跳躍**<br>目標：將顏色和紋理進行關聯通常能夠幫助學生將顏色形象化，同時也能更好地體驗身體變化。<br>·請舒服地坐下。<br>·閉上你的眼睛想像在你閉上的眼睛面前有一個明亮、有光澤的、紅色的屏風。<br>·在你的腦海中想出一個句子來描述你當前的消極情況。例如，"我感到心煩意亂、焦躁不安"。識別班上出現的共同問題並為班級初步構建一個說明他們的情況的句子。<br>·現在把你閉上雙眼後看到的顏色轉向深藍色或柔軟的黑色，就像一塊柔軟的、黑色的天鵝絨浮在你的眼前。<br>·現在將初始的問題識別聲明進行相反的陳述："我正在集中精力並平靜下來。"<br>·一遍又一遍地在你的腦海中重複這個句子，正如你深深地看著這柔軟的深色。暫停30秒並讓這個場景視覺化。<br>·現在視覺化你的整個身體，感覺怎麼樣？<br>·不斷重複積極的聲明並保持看得見黑色直到我叫你們回來。在提示停止之前，等待大約兩分鐘。 |
|---|---|

**204. 肺部風箱**

目標：深呼吸，最多10次，改善肺部的功能，降低壓力，並且增強放鬆的感覺——基於呼吸法的一個快速氧療法。

·坐著或站得直直的，來回活動你的肩膀來打開你的呼吸道。

·將雙臂變為守門員的姿勢。演示和實踐一下：上臂與地面平行，前臂彎曲成90度，看起來就像守門員一樣。

·現在，在你自己面前揮動你的手臂、堅定地、有節奏地。

— 現在讓我們來一起練習。在你的手臂往後收的時候吸進空氣並且讓空氣在胸中擴散。在你呼氣的時候你的手臂向外移動直到手臂打直，肘部和前臂接觸。手臂成了風箱一樣給肺部打氣。

·我們將一起做十次。慢慢地計數，每一次吸氣15秒，呼氣15次。

第六章　今天與明天

## 205.努力/成就的聯繫

目標:幫助學生把他們的努力程度與他們所獲得的成就聯繫起來。

·舒服地坐著並關注目前給你們(我們)造成困擾的問題。我們將稱這個為負面情形。

·在心裡創建一個描述這種情形的句子:例如."我討厭這堂課並且我一點兒也不擅長它"。如果有必要的話,你可以為學生構建出這樣的陳述。在你的腦海裡說。

— 現在有意識地在努力與成就之間建立起聯系,具體聯系到負面情形,例如."如果我更加專心,這個任務會容易一點兒"。你可以為學生構建這種陳述。我們將稱這個為積極的替代。

·值得注意的是,積極的替代也需要努力才能實現。

— 在我提示你們停止之前,在你們的腦海中繼續把消極情形和你要實現積極替代所需做的努力聯系起來。換句話說,把這兩個陳述連起來一遍又一遍地說:"我討厭這個課並且不擅長它,但是如果我坐好並努力一點兒,我最終能夠完成這個任務。"

·如果你想的話,你可以想出不同的積極替代方式,或者堅持用第一個。留意如果學生開始躁動了就停止活動,在不超過兩分鐘之後停止活動。

---

| 注:1.在讓學生們使用之前給學生們演示一下是一個不錯的主意。敲打要有力但不能讓人感到疼痛。<br>2.這個活動出自一種已經建立起來的心理療法"情緒自由法"。 | 206.敲打法<br>目標:敲打法可以釋放消極的能量並提升幸福感。<br>·坐著閉上眼睛或者站著睜開眼睛,根據老師自己的選擇,我更喜歡坐著閉上眼睛。<br>·用你常用手的兩個手指,快速地重複地在你的眉毛之間進行敲打。允許大約 20 秒鐘,然後提示學生們停止。<br>·現在用兩個手掌的三個手指,快速重複敲打你眼睛的下方的骨頭並且向眼睛外部的角落延伸。給20秒鐘,然後提示學生停止。<br>·現在我們要再次敲打剛才的地方直到我提示你們停止。如果你想要敲更多的地方,允許至少三處。 |

### 207. 耳朵瑜伽

目標:有研究表明,像這樣按摩耳朵可以幫助你斷開一會兒,再回到當下時你會感覺更平靜,更有活力。

- 平靜地站著/坐著並閉上你的眼睛。教師自己自由量度——閉著眼睛做這個可能是不可行的,比如,如果這個組在室外時。
- 用你的拇指和食指,使勁揉搓,拉,捏兩個耳朵的外面部分。
- 從耳垂移到最上面然後再回到耳垂。如果你有耳洞,輕輕地擦過那周圍。
- 繼續保持直到我提示你們停止。允許大約 60 秒。
- 現在輕輕地用你的手掌捂住兩個耳朵,就像你在你的兩個耳朵上放了兩個海螺,阻止聲音和空氣進入裡面。
- 現在坐著,伴隨著你們的耳朵被捂住的狀態嘗試去聽。現在用你們的手指在耳朵輪廓外面向一個方向畫圈,然後換另一個方向,大約 30 秒鐘。

---

注:1.在捏和拉伸時施加的壓力應該是有力卻不讓人感到疼痛的。2.這整個順序應該由老師引導學生,老師和學生一起做。

### 208. 手指法

目標:這種以按摩為基礎的技法被證明確實能夠減輕焦慮,釋放有益的內啡肽進入身體循環系統,並有助於產生一種幸福的感覺。

- 安靜舒服地坐著。站著也可以。
- 想像一下你的雙手:它們是多麼令人驚訝,它們是多麼的重要。
- 將你的注意力完全放在手上。
- 現在用你的拇指和食指捏另一隻手的每根手指的指尖。給同學展示一下如何上下按壓指甲。
- 接下來按壓指尖的側面,向中間按壓每根手指的指甲。給學生演示一下。
- 現在將每一根手指牢牢地壓在手掌上,然後上下輕輕地擦五到六下。
- 現在輕輕捏你手指間的蹼,當你要拉離兩個手指之間的蹼的時候,讓其他的手指跟著一起滑動。
- 現在透過按圓圈的動作按摩拇指和食指之間柔軟的地方,大約 20 次。重複另一隻手。
- 以輕快的搖動結束,仿佛從手上把水甩出去。

## 209. 集中修復

目標：可視化可以增加集中力，減輕焦慮，甚至已經知道它可以減輕頭痛。

— 快速掃描教室/健身房/田徑場，直到你找到一個焦點，無論是你的周圍的一個真正的點，像一束光，牆上的一幅畫，一扇門或一個在你頭腦中想像出來的點。後者更加困難並且對年幼的學生是行不通的。如果選擇一個假想的焦點，提醒學生，他們必須睜大他們的眼睛"看到"那個點。

· 舒服地坐著並盯著你所選擇的點。不允許離開你的這個點，直到我提示你們不再盯著它。

· 現在只想這個焦點，仔細地看著它。集中精力在最微小的細節上，並努力去記住它們。給大家 60 秒。給出停止提示。

· 現在閉上你們的眼睛並在你們的腦海中看到那個焦點。在你的腦海中看到所有的細節。

注：1.這對愛閒聊的大腦來說是一個很好的減壓活動並幫助他們回到當前。有時候我們的腦袋太慢，速度太快以至於缺乏創造力。2. 第一次使用這個活動的時候用真正的焦點，如果有需要的話，再轉移到內部的想像的焦點，這是一個不錯的主意。好的想像的焦點包括火焰，彩虹，一朵花。

## 210. 扭動腳趾

目標：扭動腳趾(一種按摩)能放鬆整個身體。因為腳上的經絡主宰著身體，扭動腳趾可以交替刺激和放鬆全身，促進產生自由流動的能量。

· 這個活動可以坐著，站著或躺下來進行。

· 想想你的腳，尤其是你的腳趾。

· 在你的鞋子裡，上下用力地搖動你的腳趾 10 到 12 下。你自己默默地計數。

· 現在讓你的腳趾休息，默數五下。在休息期間，注意去感受腳趾間溫暖刺痛的感覺。

· 重複這個次序兩次，或一直進行，直到我提示你們停止。

| 道具:薄荷味的口香糖。 | **211.嚼兩下** |
|---|---|
| 注:1.皮質醇是在應激反應中會釋放的類固醇激素,這對身體有消極影響。2. 收集嚼過的口香糖是這個活動的不便之處,但對於活動來說它是值得的。 | 目標:嚼口香糖已被證明能消除壓力,降低焦慮和降低皮質醇水平。<br>·我將給你們每人一塊口香糖。打開它,並把它放在你的口中。<br>·當我提示你們開始的時候,盡可能使勁地嚼口香糖。<br>·用力咀嚼,直到我提示你們停止。然後立即停止咀嚼。把口香糖從你們嘴裡拿出來,然後把它用紙包上。<br>·在咀嚼的過程中,我希望你們把注意力集中放在你們的嘴上,以及檢查舌頭感覺如何。<br>·注意感受口香糖的口味和質地。<br>·給出開始提示並允許學生嚼兩分鐘。 |

| 注:在倒著數數的時候很難感受到擔憂或焦慮,盡管是在腦海中數數。要不然你認為為什麼醫務人員在病人在等待注射麻醉藥時要讓他們倒數呢? | **212. 倒著數數** |
|---|---|
| | 目標:讓大腦安靜下來。<br>·舒服地站著或坐下來。如果可以的話,閉上你的雙眼。<br>·在你的腦海中安靜地,從100開始倒著數數。對年幼的孩子來說,可以從10或從20開始倒數。<br>·如果在我提示你們停止之前你數到了 0,那麼再數一次。<br>·給一到兩分鐘時間,根據學生的年齡決定。 |

**213.面對它**

目標:這些按摩法可以幫助平靜大腦並給大腦注入新的活力,同時也提供了積極的分神。
·舒服地站著或坐下,眼睛睜開/閉上(根據環境決定)。
·將你的前兩個手指放在你的太陽穴。給學生演示一下。
— 輕輕地用打圈的動作按摩 20 下,然後換一個方面畫 20 個圈。和你的學生們一起做這些動作,這樣你就知道什麼時候提示他們進行下一步。
·現在用每隻手的前三個手指,從額頭的中間,正好在眉毛之上的地方開始,以畫圈方式按摩,從中間移到髮際線,然後再回來。畫圈的方向不重要。
·現在,你們自己重複這兩個動作兩到三次,直到我提示你們停止。給不超過60秒的時間。
·接下來,用一個手指的節,按壓在你的人中(鼻尖的下方,上嘴唇的上方)。保持輕輕地按壓那裡直到我提示你們停止。給 20 秒鐘。

第六章　今天與明天

| 注：1.高大與畏縮的差異是內在的，它與身高無關。2.保持身體姿勢的能力是一種心理反應，它是力量、結構與信心的反映。 | 214. 高高站著<br>目標：盡可能站得高高的，可以提升內在的自信並減輕壓力。<br>·將你的雙腳平踩在地板上，大約與臀部同寬。<br>·調整你的重心這樣就能把你的體重平均分散在腳掌上。<br>·深深地吸氣，在你呼氣時盡可能伸展你的脊柱，往上伸得直直的。<br>·現在努力地在呼氣的時候變得更高，大約重複 10 次。<br>·現在正常地呼吸，並體驗站得和樹一樣直，和塔一樣高的感覺。<br>·注意感覺你的胸部是打開的，你的肩膀回到原位，以及你的背部變得很堅挺。 |
|---|---|
| 注：1.研究表明，緊張感藏在肘部內側和膝蓋後面，那裡的密封性不容易引起人們的注意。作為結果，手臂和膝蓋逐漸地無法完全伸直，慢慢地會導致肌肉和韌帶縮短，反過來又產生其他問題。2.這不是一個比賽，它的想法是有節奏地不斷向上伸舉，越來越高。 | 215. 伸向天空<br>目標：當你經受著壓力的時候，拉伸肘內側的肌肉時，它往往會縮短和收緊。<br>·坐得直直地或站得高高地，自由地呼吸。<br>·交叉雙臂，伸向你頭上方的天空，就好像要用你的手指觸摸天空。<br>·要直接正對你頭頂的天空伸舉，不要偏向一邊。<br>·保持伸舉並嘗試每一次都比前一次伸得更高一點兒。確保每只手臂都要伸直肘部。<br>·但是要小心——不要離開你的腳趾(如果站著的話)，或者讓你的臀部離開椅子(如果坐著的話)。<br>·保持伸舉，直到我提示你們停止。給學生至少 60 秒的時間。 |

| 注：當學生們雙腿伸直用手向下推膝蓋的時候，要提醒他們防止過度拉伸膝蓋，他們可以在不用手的情況下盡可能地伸直雙腿。 | **216. 推牆**<br>目標：透過想像你在將某物推得越來越遠來釋放能量，同時從簡單的拉伸中獲得好處。<br>・坐在你的課桌旁或坐在椅子上面向前方。要確保有足夠的空間來伸展你的雙腿。<br>・當我提示你們開始的時候，伸直一條腿然後再把另一條腿伸到前面。用力推伸的雙腿，就好像你在推一堵牆一樣。<br>・試著想像你正在推開一些困擾你的事情——小小的煩惱，微弱的恐懼，或者一個小問題。<br>・保持你的雙腳彎曲。嘗試用你的腳跟來推，同時把你的腳趾往後拉，拉向你的腿的前面。<br>・在你伸展的時候，你的雙腿應盡量與地面平行或者抬到大約椅子的高度，同時你的膝蓋要盡可能打平。<br>・慢慢地做這個，跟著我的計數，慢慢地數，平均2到4秒推一次。<br>・持續大約60秒，或直到你注意到你的學生已經很疲勞的時候。如果他們真的在認真的拉伸的話，那就不會花太長的時間。 |
|---|---|

**217. 舒展胸膛**

目標：伸展活動能夠促進放鬆，和深呼吸一起，兩者都有讓人平靜的作用。它有助於身體放鬆。

・透過向外張開你們的雙臂來舒展你們的胸膛。給學生演示：保持你的雙臂與身體呈45度角。

・將你的肩膀向後拉，手指指向地面。你的手掌應該面向前方。

— 現在，深深地吸氣並保持住直到我告訴你們才呼氣。盡可能保持久一點，至少五秒鐘。當你們屏住呼吸時，告訴他們接下來將會發生什麼。當你們吸氣時，你的身體向前，感覺身體裹著一個巨大的沙灘球，只有你的手指能夠觸摸它。現在就這樣做。

・你們伸展的時候不要吸氣。在我提示你們再次開始的時候再吸氣。提示他們重複這個次序大約5秒。

・記住在你吸氣的時候手臂向後下方，在你呼氣時彎曲背部，感覺像包圍在沙灘球上一樣。

・重複10次這個動作。

國家圖書館出版品預行編目(CIP)資料

三分鐘激勵法：課堂注意力把控藝術 / 凱西.帕特松 著；
戴華鵬, 楊茵譯. -- 第一版. -- 臺北市：崧燁文化, 2019.02
　　面；　　公分
POD版

ISBN 978-957-681-815-8(平裝)

1.課程研究 2.教學研究

521.7　　　　108000872

書　名：三分鐘激勵法：課堂注意力把控藝術
作　者：凱西·帕特松 著／戴華鵬、楊茵 譯
發行人：黃振庭
出版者：崧博出版事業有限公司
發行者：崧燁文化事業有限公司
E-mail：sonbookservice@gmail.com
粉絲頁　　　　　　網　址：
地　址：台北市中正區重慶南路一段六十一號八樓 815 室
8F.-815, No.61, Sec. 1, Chongqing S. Rd., Zhongzheng Dist., Taipei City 100, Taiwan (R.O.C.)
電　話：(02)2370-3310　傳　真：(02) 2370-3210
總經銷：紅螞蟻圖書有限公司
地　址：台北市內湖區舊宗路二段 121 巷 19 號
電　話：02-2795-3656　傳真：02-2795-4100　網址：
印　刷：京峯彩色印刷有限公司（京峰數位）

　　本書版權為西南師範大學出版社所有授權崧博出版事業股份有限公司獨家發行電子書及繁體書繁體字版。若有其他相關權利及授權需求請與本公司聯繫。

定價：350 元
發行日期：2019 年 02 月第一版

◎ 本書以POD印製發行